우리

술 만드는 법

KOREAN SOFT WINE MANUAL

우리술 평론가 이정욱 지음

Original Korean Soft Wine

쌀

**술 제조에 꼭 필요한 재료이며
나라마다 지역마다 맛과 성질이
다르고 쌀을 구성하는 성분도 다르다.**

쌀의 종류는 크게 자포니카(Japonica)와 인디카(Indica) 두 종류로 나눈다. 자포니카는 한국인이 주로 먹는 종으로 모양이 둥글고 길이가 짧으며 찰기가 있고 칼로리가 인디카보다 많은 것이 특징이다.

인디카는 베트남,태국,대만에서 주식으로 먹는 '안남미' 쌀이며 모양이 길고 찰기가 없고 푸석해서 볶음밥 등에 사용되는 쌀이다.

향미쌀은 아로마향 쌀이라고도 하는데 특유의 고소한 향기와 맛을 가진 쌀로 골드퀸, 설향찹쌀(누룽지 찹쌀)이라는 브랜드로 국내에서도 10kg에 3만원대 초반에 판매된다.

Original Korean Soft Wine

인디카 종의 쌀은 이모작을 하는 나라에서 생산되기 때문에 우리나라 지역에서는 생산되지 않는다.

인디카 종의 쌀은 녹말(전분)의 함량이 적어 물에 불리면 자포니카 계열처럼 부피는 늘어나지만 푸석 푸석하고 조직이 단단하다. 인디카 종의 쌀로 술을 만들 수는 있지단 자포니카 쌀과는 달라서 술을 만들면 단 맛이 덜하고 알코올 도수가 동일한 양의 자포니카 계열의 쌀에 비해 높지 않다.

술을 만들 때는 주로 멥쌀과 찹쌀을 사용하는데 멥쌀보다는 찰기가 많은 찹쌀이 술을 만들면 맛이 훨씬 달아서 밑술을 만들 때는 멥쌀을 덧술을 할 때는 찹쌀을 사용해서 빚는다.

일본에서는 사케의 원료를 '사카마이(酒米)'라고 하는데 그 중에서도 최고의 사카마이는 '야마다니시키(山田錦)'라고 하는 사케 주조 전용 쌀이 있다.

주조 전용 쌀은 100여 종 이상이 있으며 도정율 50%(쌀을 여러번 깎아내서 바깥 부분을 긁어내고 안 부분의 순수한 부분 만을 취하는 공정으로 50%면 쌀 1톨의 절반까지 깎아내게 됨.)의 심백(쌀의 가운데 흰 부분)만을 사용해 만들게 된다. 심백은 동그랗고 희어서 신비롭다.

일본 사케의 등급은 정미율(도정율)에 따라 정미율 70%이하는 혼죠조슈, 60% 이하는 진죠슈, 준마이 긴죠슈, 50% 이하는 다이긴죠슈, 준마이다이긴죠슈로 나뉜다.

酒 쌀의 구조

쌀 바깥 층은 '쌀겨'라고 하며 쌀 전체 영양분의 약 30%를 함유 하고 있으며, 섬유질과 식물성 지방이 풍부해서 '미강유(米糠油)', '코메누카유(こめぬかゆ)'라는 압착 기름을 만든다.

쌀겨를 벗겨 낸 쌀의 속 부분을 '백미'라고 한다. 백미에 가장 많은 영양분이 있을 것 같지만 실제는 쌀 전체 영양분의 5%정도만 가지고 있다. 백미에는 탄수화물, 단백질, 지방 등이 들어있다.

쌀겨와 백미 사이에는 쌀 전체 영양분의 66% 정도를 차지하는 '쌀눈'이라고 하는 '배아'가 있으며 여기에는 GABA, 비타민, 옥타고사놀, 미네랄, 휘친산, 베타시스테롤 등이 풍부하게 들어있다.

GABA
신경 전달 물질

옥타고사놀
식물의 밀납 구성 성분으로 항스트레스, 피로회복, LDL 콜레스테롤 수치를 낮추고 HDL 콜레스테롤 수치는 올리는 작용

휘친산
천연 식물 항산화제

베타시스테롤
비타민 D의 일종

米 양조용 쌀

양조쌀의 모양

- 쌀 알이 커야 한다.
- 쌀 가운데 '심백'이라고 하는 백색 부분이 있어야 한다.
- 쌀 알이 맑고 깨끗해야 한다.
- 쌀 알의 크기가 균일해야 한다.
- 쌀 알이 깨지지 않아야 한다.

양조쌀의 색깔

- 멥쌀은 얼음처럼 투경하고 맑아야 한다.
- 찹쌀은 눈부시게 흰 백색에 표면이 깨끗해야 한다. 오래된 쌀은 색이 진해서 술의 색이 맑지 않고 누렇게 된다.
- 오래된 쌀로 밥을 할 때는 꿀을 섞어서 지으면 맛있게 된다.

양조쌀의 향기

- 쌀 향이 강하지 않고 은은하고 달콤해야 한다.
- 쌀 향은 신선하고 밥 맛이 좋고 윤기가 있어야 한다.
- 너무 강한 쌀의 향은 술의 맛과 향에 영향을 미친다.

THE FLOWER RAIN

酒 쌀의 기능성 성분

최근의 쌀은 식사 용도에 머물지 않고 건강 식품으로 변화하고 있는데 쌀에 기능성 성분을 포함한 개량 쌀들이 많이 나오고 있다.

쌀의 기능성 성분

식이섬유

쌀 겨에는 식이 섬유가 20% 내외 들어있다. 식이 섬유는 혈청, 간장 콜레스테롤 수치 억제, 대장암 발생 억제 효과가 있다.

피트산

쌀 알의 호분층(aleurone layer)에 피트산(phytic acid)이 과립 상태로 들어있다. 항산화 기능, 조혈작용, 혈중 콜레스테롤 조절, 비만방지, 당뇨병 예방, 면역력 증진, 유방암, 대장암 예방 등에 효과가 있다.

감마 오리자놀(γ-oryzanol)

성장 촉진, 간뇌 기능조절, 혈중 콜레스테롤 억제, 갱년기 장애 조절, 자율신경계 조절에 효과가 있다.

토코페놀.토코트리에놀

항산화, 콜레스테롤 저하, 암세포 성장억제, 노화방지 및 항염증 작용과 소염작용 등에 효과가 있다.

페놀산(phenolic acid)

채소의 과일, 곡물류에 들어있는 성분으로 활성 산소의 영향으로 1)세포의 손상을 막아주고 2)이 과정에서 암이나 심장질환 같은 특정 질병의 발병 위험을 낮추고 3)항염증 작용으로 염증이나 알러지 반응을 일으키는 히스타민과 시토카인과 같은 화화물질 발현을 통제하며 특히, 알러지를 억제하는 효과가 있다. 4)치크로산은 항바이러스 성분이 있고 갈산 같은 경우는 항진균성, 항균성이 있다.

페놀화합물

흑미나 적미 등 유색미의 현미 겉질 층에 함유되어 있는 색소 성분은 주로 탄닌 등의 떫은 맛이 나는 페놀화합물과 안토시아닌으로 폴리페놀은 충치예방, 심장병 예방, 항산화 및 항암효과 등 생리 활성에 효과가 있다.

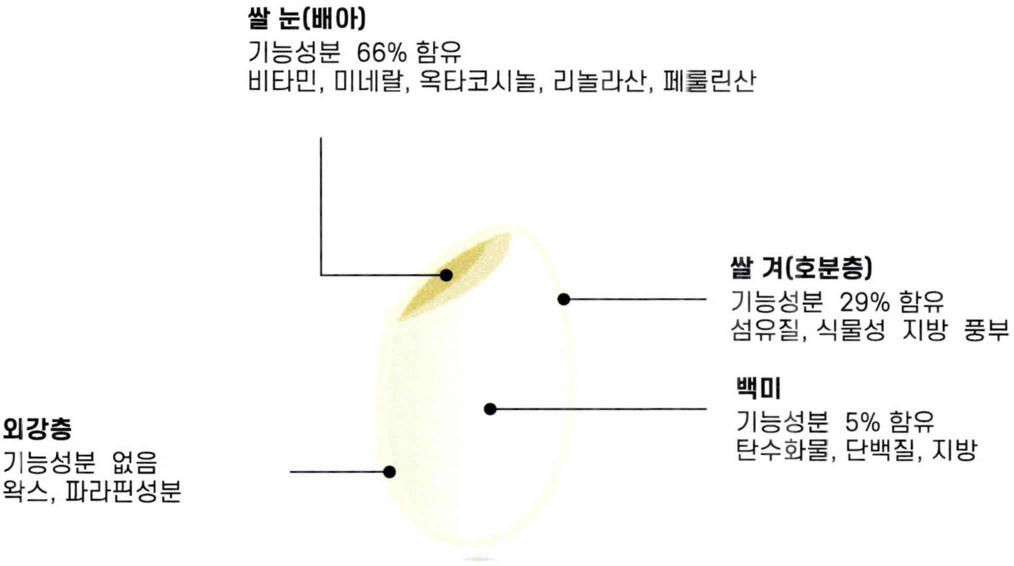

쌀의 품질 표시물

양곡관리법(제20조의 2항)에 의해 쌀의 품질 보장을 위하여 양곡 매매 업자 및 양곡 가공 업자가 쌀을 판매하려면 쌀의 생산연도, 품질 등 '농림축산식품부령'으로 정하는 사항들을 포장에 표시하도록 의무하고 있다.

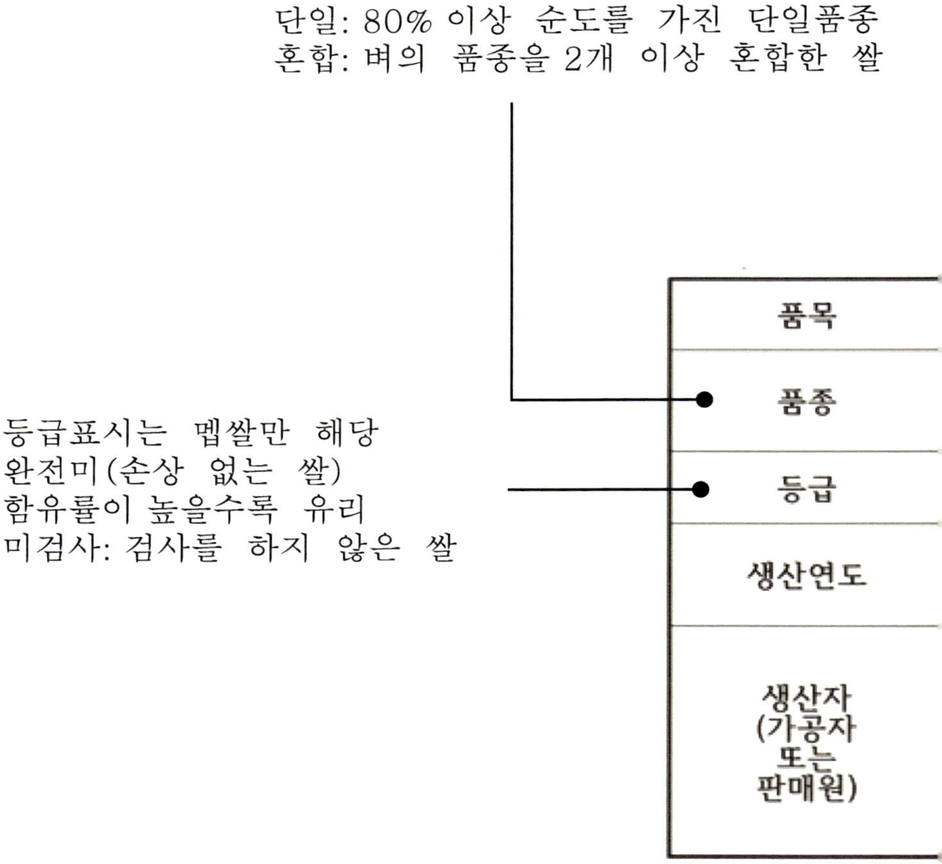

주요 확인 사항

양곡의 표시사항 및 표시방법(제7조의 3 관련)
생산연도표시 : 쌀과 현미의 경우에만 해당
국내산(품종 모를시): 계통별(일반계 또는 다수계)
외국산(품종 모를시): 계통별(단립종, 중립종, 장립종)
단백질 함량은 낮을수록, 완전립은 높을수록, 품종 순도가 높을수록 품종 고유의 밥 맛이 남.

단백질함량은 임의사항 표시로
함량이 낮을 수록 술에 적합
(밥 맛이 부드러움)

쌀	중량	20kg
추청	단백질함량 (임의표시)	수, 우, 미
특, 상, 보통	단백질함량이 낮을수록 밥맛이 우수	
2014	도정연월일	2015. 7. 7.
주 소	OO도 OO군 OO로 OO	
상호명(성명)	OO미곡종합처리장	
전화번호	OOO)OOO-OOOO	

최근에 도정한 것일수록
신선도가 좋음

酒 양조용 쌀

양조쌀의 수분함유량

12~14% 정도의 수분을 함유한 쌀로 도정 후 쌀이 오래 방치 될 수록 수분의 자연 증발로 인해 수분도가 떨어져 밥 맛이 없고 수분이 그 이상이면 쉽게 변질되게 된다.

양조쌀의 도정

도정(搗精, 영어: rice milling, rice polishing)은 낟알을 찧거나 벗겨내는 일을 말한다. 도정은 벼나 보리 같은 곡식의 낟알을 찧어 껍질을 벗기고 그 속에 있는 등겨층을 벗기는 일이다.

밥을 해 먹을 목적으로 하는 쌀은 도정 후 즉시 해 먹는 것이 좋고 술을 해 먹을 목적으로 하는 도정은 도정한 날로 부터 1개월(30일)이 지난 쌀을 이용하는 것이 술 맛이 좋다.

벼는 식물분류학에 의하면 화본과(禾本科) 벼 속 식물에 속하고, 벼는 벼 꽃이 수정하여 암술의 씨방이 살이 쪄서 생긴 것이므로 벼는 씨앗이 아닌 열매다.

사카마이

米

사케의 원료가 되는 쌀

막걸리와 사케

한국에 막걸리가 있다면 일본에는 사케가 있다.

막걸리의 해외 수출액은 일본 사케 수출액 대비 6%에 불과하다. 혹자는 사케 수출의 원인을 일식 레스토랑의 증가로 보고 있다. 실제로 일식은 2013년 유네스코 세계무형유산에 등재되었고 자연스럽게 일식을 즐기면서 사케도 같이 즐기게 되었기 때문이다.

하지만, 이런 이유 때문은 아닌 듯 싶다. 일본에는 약 1,500여 개 양조장에서 약 20,000종의 사케를 만든다. 공기, 땅, 물과 지역 음식이 사케에 들어있다. 술의 중요한 미생물인 효모도 700여종을 개발했다. 이 모든 것들이 모여 그 누구도 모방 할 수 없는 고유의 맛을 가진 술을 만든다. [출처] 주간동아, 2019년 1183호

한국에는 아직 양조 전용 쌀이 없다. 양조 전용 쌀은 낱알이 주식 전용 쌀보다 크기 때문에 정미를 해도 쌀의 양이 충분해서 높은 정미보합이 가능하다. '정미보합'은 정미율과 같은 뜻으로 정미율이 30%라고 하면 깎고 남은 것이 30%라는 뜻이다. 70%는 버리거나 다른 용도로 사용된다.

酒 양조용 쌀의 역사

시대별 술의 주 원료

- 삼국 시대: 기장이나 조와 같은 잡곡
- 고려 시대: 멥쌀
- 조선 시대: 멥쌀 보다는 찹쌀
- 현재 시대: 멥쌀, 찹쌀 모두 사용

한국과 일본의 술 쌀

- 삼국 시대: 기장이나 조와 같은 잡곡
- 고려 시대: 멥쌀
- 조선 시대: 멥쌀 보다는 찹쌀
- 현재 시대: 멥쌀, 찹쌀 모두 사용

	한국	일본
술 제조용 쌀	일반 쌀	양조 전용 쌀
한국과 일본의 술의 발전	청주,탁주,막걸리	청주
양조미 (주조미)	멥쌀, 찹쌀	멥쌀

米 멥쌀 vs. 찹쌀

멥쌀은 non glutinous rice라고 한다. 즉, 글루텐이 없는 쌀이라는 의미이고, 찹쌀은 glutinuous rice라고 한다. 글루텐이 있는 쌀이라는 뜻이다. * 글루 = 접착제, 끈끈함

전분종류	멥쌀	찹쌀
아밀로펙틴	70~80%	96~100%
아밀로스	20~30%	거의없음

찹쌀, 찰옥수수와 같이 앞에 붙는 '찰'이 붙은 곡식들은 쌀이나 옥수수에 함유된 전분(글루켄)이 모두 아밀로펙틴으로 구성되어 점착성의 찰기가 있다. 곡물을 익히는 호화 과정을 진행 할 때 아밀로스의 함량이 적을 수록 '호화(쌀이 부드럽게 되는 현상)'가 더 잘 되기 때문에 멥쌀보다 찹쌀이 더 잘 익게 된다.

酒 멥쌀과 아밀로스

아밀로스(Amylose)

α-D-글루코스(glucose) 단위로 구성된 다당류이며 α(1 → 4) 글리코사이드 결합(glycosidic bond)을 통해 서로 연결되어 있다. 전분(starch)은 주로 아밀로스와 아밀로펙틴(amylopectin)이라는 두 가지 성분으로 구성되어 있으며, 아밀로스가 약 전체의 20-30 %를 차지하고 있다. 아밀로스의 나선형 구조 때문에 선형의 아밀로스 분자들은 서로 단단하게 결합되어 있다. 아밀로스는 아밀레이스(amylase) 효소에 의해 분해 될 수 있는데 알파-아밀레이스(α-amylase)는 아밀로스를 글루코스로 가수분해하고 베타-아밀레이스(B-amylase)는 말토스(맥아당, 엿당)로 가수분해한다.

[출처] 네이버 아밀로스 [amylose] (화학백과)

멥쌀에만 있는 아밀로스

멥쌀과 찹쌀의 특성을 가장 크게 구분 짓는 것은 아밀로스와 아밀로펙틴의 함량 차이이다. 아밀로스는 찹쌀에는 없고 멥쌀에는 15-25%가 함유되어 있다. 아밀로스는 여유공간 없이 단단하고 점성이 낮다. 아밀로펙틴에 비해 분해와 소화흡수가 어렵다. 그래서, 멥쌀로 술을 빚으면 분해가 쉽게 되지 않아서 오래 불리고 갈아서 전분을 최대한 분해해서 담아야 한다.

Original Korean Soft Wine

찹쌀과 아밀로펙틴

아밀로펙틴(Amylopectin)

식물에서 존재하는 다당류의 일종으로 아밀로오스와 함께 녹말을 구성하는 주요 성분이다. 아밀로펙틴은 α-D-glucose가 α(1→4) 글리코시드 결합을 통해 서로 결합되어 있는 구조를 이루고 있으며, 24개에서 30개의 포도당마다 α(1→6) 글리코시드 결합으로 이루어진 많은 가지를 가지는 수용성 고분자 중합체이다. 아밀로오스와 마찬가지로 나선형 구조를 가지고 있는데, 식물체 내에서는 주로 세 가지 형태로 존재한다. 아밀로펙틴은 입자가 작아 부드럽고, 식감도 좋게 된다. 아밀로스는 수화가 잘 일어나며, 부드럽고 호화와 노화 반응이 잘 일어난다.

[출처] 네이버 아밀로스 [amylose] (화학백과)

찹쌀에 더 많은 아밀로펙틴

아밀로펙틴이 많은 찹쌀은 찰기가 많다. 찰밥이나 찹쌀떡은 시간이 지나도 비교적 부드럽고 찰기가 있고 오래 보존 할 수 있다. 소화 흡수가 잘되고, 단맛이 많이 나서 술을 빚을 때 찹쌀로 빚으면 술이 달고 맛있다. 현미는 도정하지 않은 쌀로 효모가 분해할 수 있는 포도당을 공급하지 못하고, 흑미도 쌀의 구조가 단단해서 술 빚기가 어렵고 술의 색이 좋지 않아서 술에는 잘 사용하지 않는다.

酒 덱스트린

우연한 발견

18세기 한 프랑스인이 비싼 아라비아산 고무의 대안으로 사용할 수 있는 물질을 찾던 중 '전분'을 갈아서 볶다가 달짝지근하고 끈적한 물질을 찾았는데 물에 잘 녹는 이 물질이 '덱스트린(Dextrin)'이었다.

덱스트린 개념

당 분자가 하나면 '단당류', 당 분자가 두 개면 '이당류', 당 분자가 세 개 이상이면 '다당류' 라고 한다. 당 분자들이 가득 붙어 있으면 이 것을 '전분'이자 '녹말'이라고 한다. 덱스트린이 분해되면 포도당이 된다.

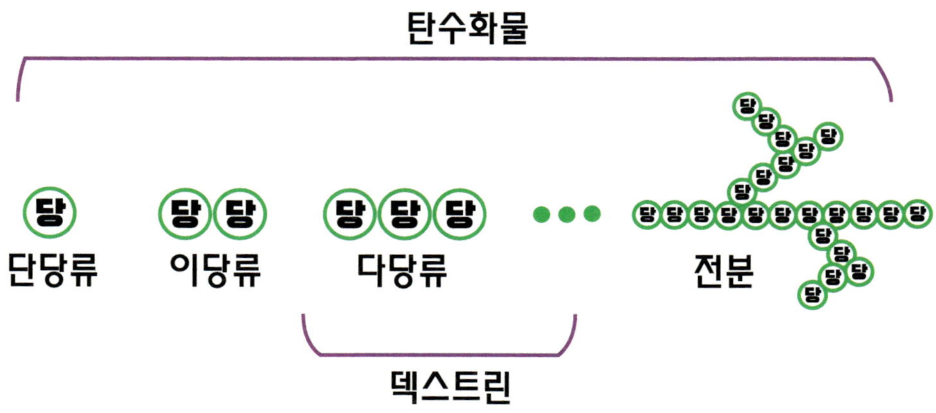

덱스트린 종류와 용도

말토덱스트린(당이 3~5개만 뭉쳐있는 가장 작은 단위의 덱스트린), 시클로텍스트린(사이클로덱스트린)이라고도 하며, 탈취효과를 가지는 고분자 '페브리즈' 라는 제품에 사용된다. 아밀로덱스트린(화장품의 수분과 유분을 분산하여 물질의 농도를 희석시키는 원료로 사용됨.)이 있으며 기포 안정성을 높이고 용해성을 개선하거나 굳음 방지 기능 등에 사용되는데 가루 분말과 소스류에 식품 첨가물로 사용된다.

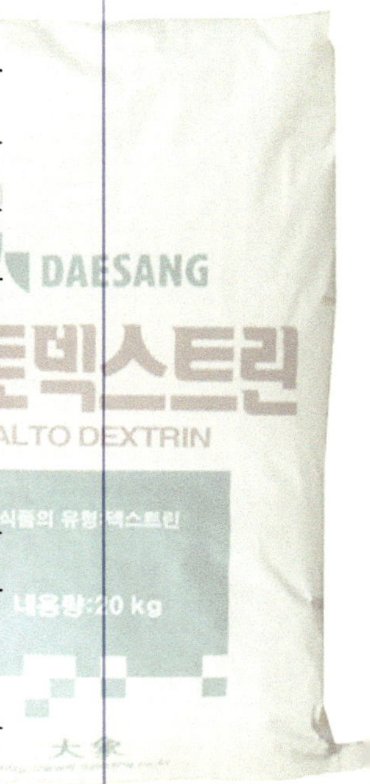

카레 분말이나 라면 스프를 오래두면 딱딱해지는데 덱스트린이 첨가되면 흡습성과 안정성이 높아져서 가루 형태를 유지하는데 사용한다. 가루나 소스, 약제나 항바이러스제나 백신과 같은 형태를 유지 시켜 준다고 해서 '부형제', 점도를 증가 시켜 준다고해서 '증점제', 양을 증가 시켜 준다고 해서 '증량제'라고도 한다.

주세법 시행령 2조에 따르면 조미료로 아미노산류, 글리세린, 덱스트린, 홉, 무기염류가 첨가가 가능하고 향료로는 퓨젤유, 에스테르유, 알레히드류 등이 허용되어 있다. 소주나 막걸리에는 6~7가지의 감미료가 첨가되어 있다. 세계에서 내놓라 하는 좋은 술에는 감미료가 들어가지 않는다. 좋은 솜씨로 좋은 재료를 사용해서 술을 빚고 페어링되는 음식과 같이 어울릴 때 비로소 술의 가치가 빛이 난다.

감미료를 넣는 그 순간 술 재료의 가치는 떨어지고, 술의 품격도 떨어진다. 그래서 전통주를 빚는 전문가들은한사코 쌀, 누룩, 물의 재료를 가지고 훌륭한 맛을 내는 술을 찾아내고 즐기고 이를 증명하고 알려 드리고자 한다.

酒 전분의 호화

젤라틴화

쌀이 '풀'처럼 되는 것.

• 쌀은 무척 단단하다.
• 물 분자 조차도 그 안으로 쉽게 들어갈 수가 없다.
• 오직 '열'만이 물 분자를 쌀 안으로 들어가게 해서 전분 조직을 풀로 만들 수 있다.
• 이 과정을 '호화'라고 한다.

호화가 잘 되기 위한 조건

▲ 80도 이상의 온도가 지속 될 수록 좋다.
▲ 충분한 양의 물이 공급 될 수록 좋다.
▲ 아밀로스 함량이 적은 찹쌀이 멥쌀보다 좋다.
▲ 물에 담궈놓는 시간이 길면 길수록 좋다.
(여름에 오랜 시간을 담궈 놓으면 상할 수 있다.)

米 전분의 노화

리트로그라데이션화

쌀이 '굳은 풀'처럼 되는 것.

• 불규칙 했던 전분 입자가 다시 규칙적으로 결합하며 굳어지는 현상을 '노화'라고 한다.

• 방금 한 밥의 상태가 '호화'이고, 그 밥이 굳어진 상태를 '노화'라고 한다.

노화 시 주의점

▲ 쌀을 찐 뒤 식히는 온도는 20~25도를 유지한다.

▲ 찐 쌀은 되도록 빨리 식혀준다.

▲ 냉장고에서 식히거나 실온에 방치해 둔 쌀을 이용해서 술을 만들면 당화 시간이 길어져서 잡균에 오염이 되고 효모 증식에 좋지 않다.

쌀이 호화되기 위해서는 쌀의 30% 이상의 수분과 100도에서 20분 이상의 가열 시간이 필요하다. 최대 팽창도는 생쌀의 2.5배다.

THE FLOWER RAIN

酒 술빚기의 쌀 손질

쌀 씻기

쌀은 반드시 찬물로 30번 이상 씻어서 헹군다.
탁한 물이 나오지 않고, 맑은 물이 나올 때까지 씻는다.
이 과정에서 쌀 눈을 떨어트려 효모가 쌀 속의 전분 분해에 집중 할 수 있도록 한다.

쌀 불리기

씻은 쌀은 최소 7시간 이상 찬물에 불린다. 쌀의 내부까지 효모가 침투 할 수 있도록 쌀의 조직을 분해시킨다.

쌀 물빼기

불린 쌀은 최소 1시간 이상 물을 뺀다. 물을 충분히 빼지 않으면 잔여 수분으로 인해 물의 양이 달라져서 술 형성에 영향을 미치게 된다. 여름 오랜 시간 방치하면 곰팡이가 핀다.

쌀 담기

물이 빠진 쌀은 맑은 물을 채운 후에 '조리'나 '채'를 이용해서 맑은 물에 다시 한 번 헹궈 다른 용기에 담도록 한다.

▲ 쌀을 찬물로 씻지 않으면 쌀의 겉 표면이 살짝이라도 익게 된다.
▲ 쌀에서 나오는 쌀뜬 물은 쌀의 표면에 붙은 이물질이나 먼지를 포함한 일부 영양소와 전분이 주 성분이다.

米 술빚는 쌀 짓기

고두밥 짓기

주식으로 먹는 밥을 짓는 방식의 밥이 아닌 술을 만들기 위해 뜨거운 증기로 찐 밥을 고두밥이라고 한다.

액체에서 기체로 물의 상 변화(phase change)를 하는 지점의 온도는 100도 이지만, 기체로 변한 수증기는 습증기에서 건증기가 되면서 200~300도 이상으로 높아진다.

고두밥은 물을 끓여 발생하는 증기로 쪄야 되고 쌀의 양이 많기 때문에 전기 밥솥 또는 압력 밥솥으로는 만들기 어려우며 전용 찜기를 사용해서만 고두밥 찌기가 가능하다.

고두밥을 찔 때는 강불로 전용 찜기에서 김이 나는 시점으로부터 (찹쌀의경우) 40분간 찐 후 20분간 뜸을 들이도록 한다. (멥쌀의 경우) 50분간 찐 후 열어서 살수(물을 촉촉하게 뿌리는 행위)를 하고 다시 20분을 쪄서 총 70분을 찐 후 30분간 뜸을 들인다. 익지 않을 경우 쌀에서 아세톤 냄새가 난다. 막 찐 고두밥은 참 맛있다.

찐 고두밥은 (방법1) 대나무발 위에 깨끗한 광목천을 깔고 고두밥을 넓게 펴거나 (방법2) 소독된 넓은 주방용 스텐레스판에 고르게 펼친 후 소독된 나무 주걱으로 뒤집기를 반복하며 식혀 주도록 한다.

Original Korean Soft Wine

물

술을 만드는 데 있어서 쌀과 함께 반드시 필요한 재료이며, 술 맛은 물 맛이라는 말이 있다.

연수물

단물이라고도 하며, 우리나라에서 예전부터 전통주 제조에 사용 해오던 물로써 청주나 막걸리를 제조하기에 적합한 물이다. 우리나라 편의점에서 시판되는 깨끗하고 맑은 생수가 술 제조에 적합한 연수물이다.

경수물

센물이라고도 하며, 유럽의 대부분 국가에서 나는 물이며 석회질이 많아 발효주를 만들기에는 부적합하며 따라서, 자연스럽게 이 들 국가에서는 증류주나 브랜디, 위스키가 발달하게 되었다.

米 고문헌의 물이야기

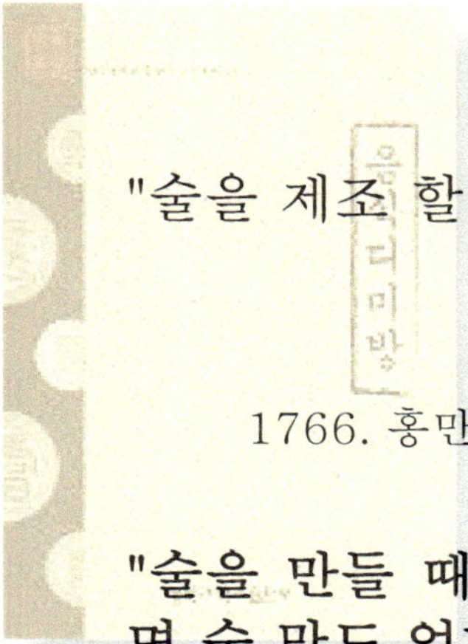

음식디미방

1670. 안동 장씨가 쓴 조리서

"술을 제조 할 때는 반드시 끓여 식힌 물을 사용해라"

증보산림경제

1766. 홍만선의 [산림경제]를 유중림이 간행한 농업책

"술을 만들 때 샘물 맛이 달아야하고, 물 맛이 좋지 않으면 술 맛도 없다."

"술을 빚을 때는 물을 끓여 식힌 뒤에 밥과 누룩을 섞어 빚으면 술이 쉬는 것을 막을 수 있다."

"청명수와 곡우수로 술을 빚으면 빛깔이 더욱 붉고 맛이 좋으며 오래 보관 할 수 있다."

"가을 이슬을 받아 술을 빚으면 맛이 매우 향기롭고 차다고 한다."

청명수

- 24절기 중 청명(양력 4월 5일경)일 부근에 내린 빗 물
- 청명의 의미는 하늘이 차츰 맑아진다는 뜻을 지닌 말이다.

곡우수

- 24절기 중 곡우(양력 4월 20일경)일 부근에 내린 빗 물
- 곡우의 의미는 봄 비가 내려 백곡을 기름지게 한다는 뜻이다.

"삼해주를 빚을 때는 아침 해가 뜨기 전 새벽 이슬이 내려 앉은 우물 물인 정화수로 술을 빚어라."

"창출주에는 동쪽으로 흐르는 물을 이용하여 술을 제조하고 이 술을 마시면 흰 머리가 도로 검어지고 얼굴 빛이 윤택 해진다."

삼해주

고려 시대부터 전해 내려오는 궁중 술. 정월 첫 해일(돼지날)에 시작하여 매월 해일마다 세 번에 걸쳐 빚는 술. 찹쌀을 발효시켜 두 번 덧술하여 빚는 약주.

창출주

삽주 뿌리를 창출이라고 한다.

고려대 규합총서
1809. 빙허각 이씨가 엮은 가정살림에 관한 내용

"백가지 꽃을 넣어 빚는 백화주에는 물을 강심수나 석천수를 이용하라."

강심수

강 한복판을 흐르는 물로 임금께 바치던 물.

석천수

돌 틈에 괴는 물, 바위 틈에서 나오는 샘물

米 물의 맛

"물의 맛과 냄새는 미생물에 의해 생긴다."

맛있는 물은 이상한 냄새와 맛이 없어야 하고, 음미 시 맑은 기운을 느낄 수 있는 8~12도 사이의 물이다.

물의 맛은 단맛(Sweet), 신맛(Sour), 짠맛(Salty), 쓴맛(Bitter), 떫은맛(Astringency) 5가지다.

물고기 비린내, 썩은 채소나 풀 냄새, 염소(Cl) 냄새, 흙 냄새, 화장품 냄새, 약 냄새, 금속 냄새와 같은 냄새가 나는 물은 마시는 것은 물론, 술에는 절대 사용하면 안된다.

술을 빚기에 좋은 물은 pH7.0(중성)보다 한 단계 높은 pH6.0 수치가 적합하다. 순수한 물을 7.0이라고 보면 pH6.3~6.6가 마시는 물에 적합하다. pH7을 기준으로 수치가 작으면 '산성', 수치가 크면 염기성 용액이라고 한다.

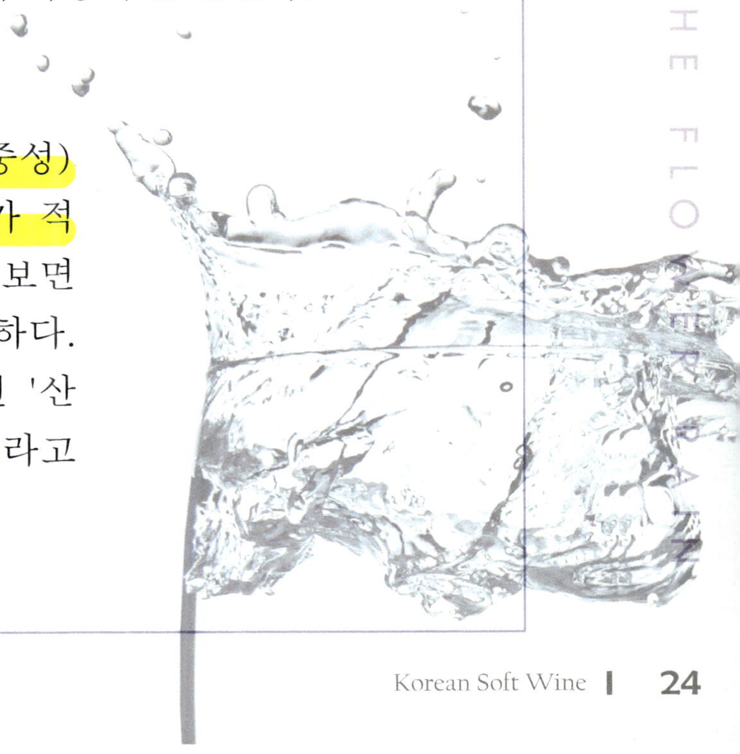

酒 물의 종류

"좋은 술은 좋은 물 만이 만들 수 있다."

물의 이름	물에 대한 설명
옥류수	처마 끝에서 떨어지는 물
매우수	유월 상순부터 칠월 상순 사이에 내리는 빗 물
춘우수	음력 정월에 처음으로 내린 빗 물
납설수	섣달 납일(臘日) 가장 추울 때 눈 녹은 물 (살충과 독을 해독하는 약용으로도 쓴다.)
국화수	국화 밑에서 나는 물 (풍을 없애는 약재로도 쓰이며, 맛이 달다.)
정화수	이른 새벽에 처음 길은 우물 물
한천수	찬 물이 솟는 샘의 물

이렇듯 화학식으로는 H_2O인 물을 우리 선조들은 동의보감에서는 정화수, 한천수, 국화수, 납설수, 춘우수, 추로수, 동상박, 하빙, 방제수, 매우수, 반천하수, 옥류수, 모옥루수 ,옥정수, 벽해수, 천리수, 감란수, 역류수, 순류수, 급류수, 온천, 냉천, 장수, 지장, 요수, 생숙탕, 열탕, 마비탕, 조사탕, 증기수, 동기상한, 취탕으로 33가지로 분류해서 용도에 맞게 이용했다.

※ 미네랄

"미네랄 함량이 높으면 진한 맛이 나고,
낮으면 부드러운 맛이 난다."

수돗물은 강물을 정수해서 각 가정으로 전달되고, 가장 저렴하다. 반면에 생수는 대부분 지하수로 만들어지며 가격도 천차만별이다.

pH6.7~7.3 중성의 물은 일반적으로 아무 맛이 나지 않으며, pH5.0~6.7 약산성의 물은 신 맛이 나고, pH7.3~7.8 약알칼리의 물은 가벼운 단 맛이 난다.

지하수는 지표 가까운 곳에서 만들어지는 지표수와 지하 깊은 암반층에서 만들어지는 암반수가 있다. 바닷가 근처 지역에서는 심해 바다 깊은 곳에 있는 맑은 물을 끌어다가 가공처리해서 만든 해양심층수, 기존에 물에다 고농도의 산소를 녹여 만든 산소수, 톡 쏘는 탄산 가스를 주입해서 만든 탄산수, 특정한 미네랄을 물에 녹여 만든 미네랄수가 있다.

칼슘(Ca)과 칼륨(K)의 함량이 높을 경우 ▶ 단맛
마그네슘(Mg) 함량이 높을 경우 ▶ 쓴맛

酒 사케의 물

양조용수

쌀을 씻는 세미(洗米), 물 속에 쌀을 담그는 침지(浸漬), 사케 제조에 사용되는 물, 양조 도구 등을 씻을 때 사용되는 물을 말한다. 도정이 많이 될 수록 쌀 표면이 거칠어서 세미를 하면 물을 많이 흡입된다. 세미 시점부터 물의 영향을 받는다.

빙즈메용수

병을 씻을 때, 병입전에 알콜 도수나 맛을 조절하기 위해 넣는 물인 와리미즈(割り水), 병입 후 도구 등을 씻을 때 사용되는 물을 말한다.

"주조에 필요한 물은 총미 중량의 약 50배쯤 든다. 예를들어 쌀 5kg으로 술을 만든다면 필요한 물은 250L 정도 필요하다고 보면 된다."

주조용수의 기준

사케용 물은 나쁜 영향을 주는 철과 망간에 대해 엄격한 기준이 있다. 일본에서 철의 기준치는 수돗물이 0.3ppm 이하인 반면 주조용수는 0.02ppm 이하(거의 검출되지 않아야 함.), 망간의 기준치는 수돗물이 0.05ppm 이하이지만 주조용수는 0.02ppm 이하여야 한다.

철이 섞이면 사케는 갈색으로 물들고 향미도 나빠진다. 망간은 사케가 자외선에 의해 열화하는 것을 빠르게 촉진한다.

사케는 효고현의 나다지방이 유명한다. 큰 요인 중의 하나는 '미야미즈'라는 물이 있다. 미야미즈는 철분의 함유량이 적고, 주조에 필요한 칼륨(K 포타슘,potassium)과 인산(파스파릭 애시드,H_3PO_4,phosphoric acid)이 풍부하게 포함되어 있어서 드라이 타입의 술이 된다.

미야미즈 물이 얼마나 좋았던지 옛날에는 각지의 술창고마다 미야미즈를 파는 가게가 있었다고 한다(원전 사고가 났던 후쿠시마의 수도국에서 판매하는 생수도 일본 편의점에서 파는 걸 보면 아이러니 하다.).

酒 쌀과 물의 비율

"정수기 물은 알카리성이므로 추천하지 않는다. 꼭 써야할 경우라면 모드(mode)를 약 산성으로 해서 쓰는게 낫다."

"탄산수는 **효모 기능을 약화시키기** 때문에 술을 빚는 용도로는 추천하지 않는다."

"지하수는 잡균에 오염되어 있을 경우가 있다."

그래서, **확신이 없으면 수돗물을** 사용한다.

"수돗물은 정부에서 보장하는 관리 시스템으로 운영된다. 수돗물을 끓여서 사용하는 방법이 현대에서는 가장 편리하다."

술 관련 계량단위

무게 : 킬로그램(kg) , 그램(g)

1kg = 1,000 g

부피 : 리터(ℓ), 밀리리터(mℓ), 시시(cc)

1ℓ = 1,000 mℓ

1ℓ = 1,000 cc

⊛ 옛날 계량

옛날에 곡식의 양을 잴 때 사용하던 작은 그릇을 '홉', '되', '말'로 정의했다.

10개의 홉 = 1되
10개의 되 = 1말

합(合) = 홉, 약 180mℓ의 분량을 담을 수 있는 되
승(升) = 되, 약 1.8ℓ의 분량을 담을 수 있는 되
두(斗) = 말, 약 18ℓ의 분량을 담을 수 있는 되

음식을 준비하는 과정에서 식재료로 사용하는 각종 곡식, 물, 술 등의 분량을 측량하고 정확하게 필요한 양만을 담기 위해 이 계량 방법을 사용했다.

단순 술 계량공식

쌀 1kg = 물 1ℓ

무게 단위와 부피 단위가 같다는 뜻이 아니고, 술을 빚을 때 사용하는 비율을 이렇게 사용한다는 뜻이다.

Original Korean Soft Wine

누룩

麴 麯 曲

"쌀, 물, 누룩를 술의 3요소라고 하며, 누룩맛이 술 맛에 가장 큰 영향을 끼친다. 누룩은 술을 만드는 미생물을 곡식에 번식 시킨 것이다."

누룩은 원료에 따라 쌀 누룩, 밀 누룩이 있고, 물과의 혼합 정도(점성)에 따라 떡 누룩(병곡), 흩임 누룩(산곡)이 있다.

주세법에서 청주와 약주를 나누는 기준은 누룩 사용량에 있다. 누룩이 1% 이상 들어간 술은 약주, 누룩 1% 이하는 청주로 구분한다.

곡식을 발효 시키기 위해 필요한 전통 발효제인 누룩의 최소 필요양은 9%이다. 일본은 백국 또는 황국에 쌀을 입힌 입국(粒麴)을 사용해 사케를 만든다.

Original Korean Soft Wine

따라서, 누룩 1% 이하의 기준에 따라 입국을 사용하면 법적으로 누룩량 1% 이하인 청주가 되고, 전통 제조법에 따르면 누룩 9% 이상이 들어가서 약주가 된다.

누룩은 전통주에서 당화제와 효모 발효제 역할을 한다. 입국은 효모가 없어서 당화제 역할만 한다.

일본은 해양성 기후이고 습기가 많아서 누룩 만들기가 쉽지 않다. 그래서 쌀을 찌게 되는 데 이 과정에서 미생물이 모두 사멸된다. 그래서 쌀을 찐 후 식힌 쌀에 배양한 미생물을 별도로 넣어서 사용한다.

누룩은 자연균을 재료로 하기 때문에 다양한 균이 붙어 번식을 하게 된다. 따라서, 매번 일정하게 같은 술맛을 내는 누룩을 표준화하여 만들기가 어렵다.

일본식 입국은 쌀을 찐 후 식힌 전분에 누룩곰팡이(아스퍼질러스 오리제, Aspergillus Oryzae)라는 발효 배양균의 포자를 접종해서 만든다. 이 때 흰 색의 푹신한 누룩곰팡이 외부 층이 생기는데 꽃이 핀 것처럼 보인다. '쌀'(米)과 '꽃'(花)의 문자를 결합한 한자 '누룩 곡'이란 글자는 일본이 만든 글자다.

THE FLOWER RAIN

糀

酒 누룩의 원료

"누룩의 주 원료는 밀이다."

밀의 주 성분이 전분(글루텐)이고, 당화 효소와 전분이 누룩 제조를 쉽게 하고, 젖산균에 의해 잡균의 예방 효과를 가지고 있기 때문에 누룩에 밀을 사용한다.

누룩의 주 원료는 밀 이 외에도 쌀, 보리, 옥수수, 콩, 귀리, 호밀, 녹두 등 잡곡을 누룩으로 사용한다.

누룩의 이름도 제조시기에 따라 춘국,하국,절국,동국 등으로 불렸는데, 밀을 수확한 후에 만드는 절국이 가장 많다.

누룩의 원료	
밀	누룩 제조에 가장 많이 사용
쌀	이화곡, 백수환동곡 등 특정 술 제조에 사용하나 누룩취가 안나게 할 때도 사용
보리	겉보기 누룩, 엿기름 제조
잡곡류	쌀이나 곡물이 부족한 지역에서 사용

米 누룩의 제조

"만드는 방법은 밀과 겨 또는 쌀이나 녹두를 반죽 후 광목천이나 지푸라기 등에 싸서 발로 밟거나 누룩틀에 넣어서 꾹꾹 밟은 후 발효시킨다."

만든 누룩은 '누룩방'이라고 하는 별도의 독립된 공간이나 온돌방에 보기 좋게 배열하여 지푸라기나 쑥으로 덮어놓고 썩지 않게 매일 뒤집어 주며 누룩곰팡이가 표면에 생겨서 시간이 지나면서 점점 안 쪽까지 들어 갈 수 있도록 기다리는데 보통 20여일 정도 걸린다.

누룩은 지역에 따라 그 모양과 제조 방법에 차이가 크다. 둥근모양, 네모모양, 작은 모양, 넓은 모양, 타원모양으로 만드는데 그 이유는 지역의 환경(온도, 습도, 발효 시간 등)의 영향이 크다.

누룩의 지름이 작으면 내부까지 균이 잘 침투되지 않아서 숙성이 좋지 못하고 두께가 얇으면 숙성 시간은 빠르나 향기가 좋지 않고 술을 빚었을 때 주량이 적어진다.

THE FLOWER RAIN

酒 누룩의 제조

"누룩은 신미(辛未), 을미(乙未), 경자(庚子)에 만들면 좋고, 목일(木日)에 만들면 술이 시어진다는 금기가 있었다. 또한 누룩은 밟는 정도에 따라서 질에 차이가 있으며, 누룩의 질은 술 맛과 직결된다."

누룩은 너무 두꺼우면 익어가는 과정에 내부의 수분이 빠져 나가지 못해서 내부 온도가 너무 높아져 썩게 되고 만든 후 건조가 쉽지 않다.

떡 누룩

누룩에 사용되는 원료를 빻아 반죽하여 덩어리로 만드는 누룩, 한국의 누룩 방식

흩임 누룩

원료를 뭉치지 않고 흩어진 상태로 만드는 누룩, 일본의 누룩 방식

누룩 고리

'누룩틀'이라고도 하는데 누룩 원료인 밀을 굵게 갈아 반죽하여서 덩이를 굳히는 데 쓰는 틀로 반죽하기 위해 넣는 틀로 모양과 크기에 따라 만들어지는 누룩의 모양도 다르다.

일반 백성들의 집에서는 짚이나 나무로 된 것을 주로 썼으며, 궁궐, 절, 부잣집의 누룩고리는 고급 나무나 대리석을 갈아 만들거나 석물과 쇠를 녹여 만든 주물 형태의 것도 있었다.

누룩 고리는 둥근 모양, 타원 모양, 네모 모양 따위가 있는데 나무로 만든 것은 쓰지 않을 때 지푸라기 새끼를 꿰어 벽에 걸어 두었다.

누룩의 수분

• 누룩의 모양(형상)을 잡기 위해 재료가 되는 밀이나 쌀에 물, 식물 즙을 이용해 반죽을 한다.

• 사용하는 물은 반드시 끓인 후 식힌 물(탕수물)을 사용한다.

• 반죽 할 때 수분양은 누룩의 성패에 가장 큰 역할을 한다.

• 가장 중요한 것은 누룩의 상태를 보고 수분의 발산을 조절해야 한다.

누룩의 수분의 양	
상(上)	전체 곡물 양의 50% 이상이 들어간 상태 반죽은 잘되나, 수분이 많아 썩게 된다.
중(中)	전체 곡물 양의 30~40% 정도의 수분이 들어간 상태. 누룩을 띄우는 과정이 중요하며 수분이 알맞더라도 수분 유지가 안되면 썩게 된다.
하(下)	전체 곡물 양의 30% 이하인 상태로 반죽이 잘 되지 않는다. 수분이 없어 미생물 생육이 어렵다.

단순 누룩물 계산방법 = 누룩반죽물비율

누룩밀 1kg = 물 300mℓ

지역별 누룩

"누룩의 넓이와 두께는 습도와 일조량의 영향에 따라 달라진다."

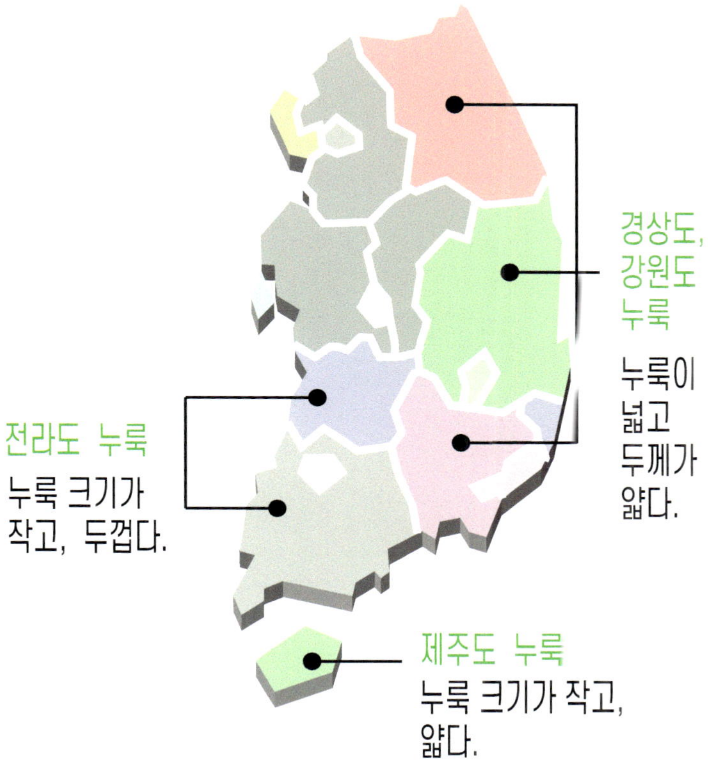

"쌀 누룩(=멥쌀누룩)은 밀 누룩보다 점도가 낮아 크게 만들기가 쉽지 않아서 손으로 쥐어 주먹밥 크기로 만들어 사용한다."

"대표적인 멥쌀 누룩은 이화곡이 있으며, 찹쌀과 녹두를 이용한 백수환동곡이 있다."

이화곡, 백수환동곡 모두 둥글둥글 하게 만든다.

양국법

"양국법이란 밀과 녹두로
질 좋은 누룩을 만드는 방법"

누룩 만들기에 가장 좋은 때

2001년 청계천 8가 고서점 폐지 속에서 발견된 우리나라 최초의 조리서 1450. '산가요록'에 누룩은 여름 삼복날 만드는 게 좋은데 초복 > 중복> 말복순으로 좋다고 한다.

시기	밀	녹두
초복	1말	1되
중복	1말	2되
말복	1말	3되

형태에 따라서는 곡물을 가루 낸 다음 뭉쳐서 만드는 '병국'과 곡물의 낟알이나 곡분으로 만드는 '산국' 등으로 구분하며,

재료에 따라서는 밀가루로 만드는 '분국', 밀과 밀기울을 섞어서 만드는 '조국' 등으로 나뉜다.

제조 시기에 따라서는 봄에 만드는 '춘국', 여름에 만드는 '하국', 가을에 만드는 '절국', 겨울에 만드는 '동국' 으로 부른다.

백수환동곡

"백수환동곡은 백수환동주를 제조하기 위한 전용 누룩이다."

백수환동곡 제조방법

1800. '양주방'에 이화곡처럼 쌀가루와 녹두가루를 손으로 뭉쳐 오리알 크기로 만들어 띄운다. 이 누룩으로 백수환동주를 빚으면 녹두 때문에 술에서 독특한 향과 맛을 느낄 수 있다.

구분	녹두	찹쌀
비율	1말	5되
가공	쪄서 식힌 후 가루를 낸다.	물에 불려 곱게 가루를 낸다.

백수환동곡은 녹두 양이 많고 찹쌀 양이 절반이다.
녹두는 반드시 껍질을 벗겨 사용하고, 절반 정도로 익혀 가루를 낸 다음 찹쌀 가루와 혼합해 오리알처럼 만들어 띄운다.
백수환동곡은 백수환동주(白首還童酒) 전용 누룩으로 '머리 흰 늙은이가 마시면 도로 아이가 되는 술로, 사람의 몸에 몹시 유익해 온갖 병을 물리치고 골수를 꽉 차게 해 허약한 사람에게 좋다'고 쓰여 있다. 〈양주방〉에 남은 백수환동주에 대한 묘사는 그 맛이 입에 머금은 후에도 삼키기 아까운 술이라 한다." 첫 향은 달콤한 파인애플 같고 마시다 보면 빵 냄새가 끝에서는 견과류 향이 여운을 남긴다.

酒 누룩의 제조순서

1단계, 원료의 선택

전분이 많이 함유된 무농약으로 지어진 밀, 쌀, 보리를 사용한다. 좋은 원료가 좋은 누룩의 시작이다.

2단계, 발효제의 선택

깨끗한 소나무의 가는 가지, 솔잎, 지푸라기를 준비해서 스티로폴 상자나 나무 상자 바닥에 소나무 가지를 깐다(누룩과 상자가 바닥에 직접 닿지 않도록 한다.).

3단계, 원료의 가공

원료는 잘게 분쇄하지 말고 거칠게 분쇄해서 재료 부피를 넓게 해줘야 미생물 효모의 서식 면적이 많아진다. 잘게 분쇄하면 술이 써지고 탁해진다. 1kg의 밀을 체를 쳐서 약 300g의 가루가 나올 정도가 좋다.

4단계, 누룩의 반죽

수분은 원료양의 30% 정도가 좋으며 반드시 끓인 후 식힌 물을 사용한다. 수분이 너무 많으면 썩고 수분이 적으면 미생물 생육이 어렵다.

5단계, 누룩의 성형

누룩의 넓이과 두께를 정하고, 누룩틀(누룩고리)을 선정한다. 누룩틀은 나무로 만든 것이 좋으며 발로 밟아야 하므로 튼튼한 것을 선택한다. 누룩틀 안에 누룩을 넣을 때 누룩을 담을 광목천도 미리 준비한다.

6단계, 누룩 밟기

먼저, 평평한 바닥에 누룩 고리를 놓고. 그 안에 준비한 광목천을 누룩 고리 안에 넣는다. 광목천에 물과 배합된 누룩을 꾹꾹 눌러 담는다. 사각 귀퉁이에 누룩이 차지 않을 수 있으므로 신경써서 채운다. 실제 부피보다 조금 더 많이 채운 후 광목천을 덮고 그 위에 올라가서 15분 정도 발 뒷꿈치를 이용해서 밟는다. 누룩이 단단해졌으면 광목천을 꽉 묶은 후 준비 해놓은 누룩 상자(나무 또는 스티로폴 상자)에 담는다. 누룩 상자 바닥에는 지푸라기와 솔잎이 깔려 있어야 한다. 그 위에 누룩을 놓고 누룩 위에 다시 지푸라기를 덮는다. 이 상태로 7일 동안 매일 누룩의 앞 뒤를 뒤집어주다가 7일이 지나면 누룩을 매일 뒤집음과 동시에 뚫어진 구멍을 위, 아래 하나씩 열면서 그 안의 열기를 빼준다.

酒 누룩의 777법칙

첫 번째 일주일간 (7일)

수분 유지 기간

미생물을 불러 모으는 기간으로 이 시간 동안은 수분이 잘 유지 되어야만 한다. 곰팡이가 잘 번식 할 수 있도록 환경을 만들어 주는데 신경써야 한다. 2~3일째부터 누룩이 서서히 반응하기 시작한다.

두 번째 일주일간 (7일)

수분 증식 기간

미생물을 가둬서 증식시키는 기간으로 부패를 막고 누룩의 중심부까지 곰팡이가 피는 시간을 주는 기간이다. 매일 1회의 뒤집기를 계속 해줘야 특정 부분만 곰팡이가 집중 증식되는 것을 막는다. 겉부분이 천천히 마르면서 곰팡이가 생존을 위해 수분기가 있는 누룩의 중심부 안쪽까지 들어가게 된다. 누룩 전체에 곰팡이가 피어야 '당화력'이 높은 질좋은 누룩이 된다.

세 번째 일주일간 (7일)

건조 기간

남은 수분을 증발시켜 부패를 막고 저장성을 높인다.

7일 동안 빨리 마르는 것보다는 서서히 마르게 하는 것이 좋은 품질의 누룩을 만든다. 그 후에 충분히 말리면 더 이상 발효가 되지 않는다.

누룩상자 안의 온도는 25~30도 사이다.
누룩상자는 바닥에 그냥 놓지 말고 롤 화장지 위에 올려 놓도록 한다.(발효되는 동안 물이 계속 떨어진다.).
누룩의 숙성 과정을 매일 사진으로 기록한다.
큰 자산과 경험이 될 것이다.

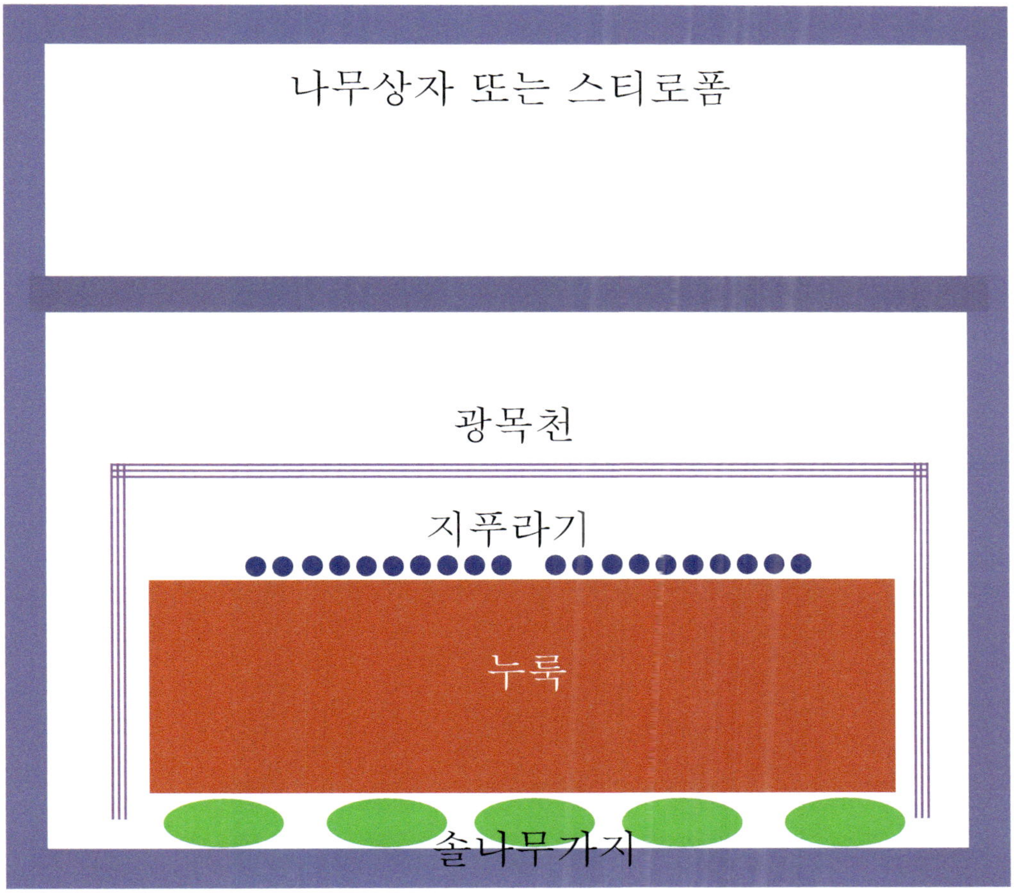

酒 누룩의 역할

1760. '증보산림경제'
"무릇 술 맛이 좋고 나쁨은 누룩을 잘 만드는가 여부에 달려있다."

누룩의 역할

당화제

- 밀이나 기타 식물이 가지고 있는 효소에 의한 당화
- 곰팡이 등 미생물이 가지고 있는 효소에 의한 당화

발효제

- 야생 효모의 증식
- 효모에 의한 알코올 발효

"누룩 만들 때 조건"

누룩의 두께

두꺼울 수록 미생물이 많아지고, 수분이 많다.

누룩의 크기

클수록 마르는데 시간이 걸리고 미생물이 많다.

누룩의 수분량

약 30%의 수분량보다 많거나 적으면 좋지 않다.

누룩의 부재료

누룩을 띄울 때 짚이나 쑥처럼 누룩 아래 깔아주거나 덮는 용도로 사용하는 재료를 말한다. 누룩을 싸는 용도로는 '연잎'이나 '도꼬마리 잎'을 이용하기도 하며, 여뀌와 연잎은 식물의 즙을 이용해 누룩을 반죽하기도 한다.

누룩의 부재료		볏집,쑥대,솔잎,여뀌,닥나무잎,도꼬마리잎,연잎
사용 이유	균 착상	빠른 시간 안에 부재료의 균이 누룩에 착상 할수 있도록 하는 역할을 한다.
	온도 유지	바닥에 소나무 가지나 쑥대, 짚과 같은 보온재역할을 하는 자연물을 깔아 숙성 과정에서 수분 고임을 막아준다. 온도가 너무 쉽게 내리고 오르는 것을 막아준다. 누룩은 곰팡이 온도에 맞춘 발효 방식이다.
	수분 조절	다양한 효소를 많이 얻기 위해 수분이 너무 빨리 증발하는 것을 막아 미생물이증식되는 시간을 만들어 준다.

"가정집에서 만드는 누룩에서 중요도는 누룩 부재료 >> 누룩>> 부재료 순서다."

여뀌

습지 언저리나 물가에서 흔히 볼 수 있는 한해살이 마디 풀로써 연잎과 같이 수분이 많은 곳에 서식하여 수분을 많이 가지고 있으며 잎에서 매운 맛이 나는 특징이 있다.

酒 누룩의 온,습도 관리

"술은 효모에, 누룩은 곰팡이에 온도를 맞춰준다."

누룩은 미생물의 집이라고 보면 된다. 미생물이 편안하게 살 수 있는 집의 온도를 맞춰주는 것이 중요하다.

"누룩 집의 온도는 25~30도, 습도는 60~70% 정도가 되면 누룩에 곰팡이가 잘 자라게 된다."

누룩은 미생물의 집이라고 보면 된다. 미생물이 편안하게 살 수 있는 집의 온도를 맞춰주는 것이 중요하다.

"누룩균의 포자의 크기는 3~10(㎛)"
※1㎛(마이크로미터) = 10^{-6}mm

누룩 곰팡이

"술은 효모에 누룩은 곰팡이에 온도를 맞춰준다."

누룩곰팡이는 빛깔에 따라
누룩곰팡이(황국균; Aspergillus oryzae),
검은곰팡이(흑국균; Aspergillus niger),
붉은누룩곰팡이(홍국균; Monascus anka) 등이 있는데 막걸리나 청주에 쓰이는 것은 주로 황국균이다. 주로 곡물 양조주 제작에 쓰인다. 밀과 지푸라기를 섞어서 발효하며, '초산균'이 먼저 번식하여 '잡균'이 제거 된 후 누룩곰팡이가 번식하는 것이 이상적이다.

국균

곡물에 자라면서 전분, 단백질 분해 효소 등을 생산하여 곡물을 사람에게 유용한 영양소로 바꾸는 곰팡이를 곰팡이 국(麴)과 세균 균(菌)을 써서 '국균(麴菌)'이라고 한다. 국균이 누룩곰팡이다.

누룩곰팡이의 영문명 Aspergillus oryzae에서oryzae는 종명으로 oryzae sativa라는 벼 품종에서 온 이름으로 독일인 교수가 사케를 만드는 코지에서 이 곰팡이를 분리 시켜 내면서 붙인 이름이다.

酒 입국

"전분질 원료인 쌀이나 밀을 증자(蒸煮)-증기에 찐 후- 백국균을 접종 후 배양시켜 흩임누룩 형태로 만든 일본식 발효제"

구분	장점	단점
누룩	효소와 효모를 포함 다양한 곰팡이가 포함 술에 깊은 맛과 향을 냄	당화력이 약함 알콜 생성량이 적음 기간이 많이 소요 술 맛이 일정치 않음 (대량생산에 부적합)
입국	알콜생성량이 많음 백국균이 술오염을 방지 술 맛이 일정 대량 생산이 가능	맛이 단조로움 효모가 필요함

알코올이 많이 만들어지고 술 맛이 일정하기 때문에 양조장에서는 거의 대부분 입국을 사용해서 막걸리를 제조한다. 시판되는 지평막걸리도 밀 입국, 쌀 입국을 사용해서 제조한다.[출처: EBS]

황국균
Yellow Koji mold

실제로는 황색은 아니고 초록색에 더 가까운 색으로 일본 사케나 간장, 된장 등에 사용되며 일본 내에서만 연 50조 가량의 경제 유발 효과를 낸다고해서 '일본누룩곰팡이'로 불린다.

흑국균
Black Koji mold

황국균에 비해 성장속도가 빠르고 글루코아밀라제 생산이 잘되서 쌀로부터 포도당을 더 많이 생산해 알코올 생산량도 많다. 구연산도 배출하여 술의 pH를 낮게 유지 시킨다. 일본 오키나와 소주 아와모리주를 만드는데 사용한다.

백국균
White Koji mold

흑국균에서 검정색이 빠진 것이 백국균으로 흑국균의 장점을 모두 가졌고 색까지 희어 양조에 최적화 된 곰팡이로 우리나라 양조장에서 많이 사용된다. 포자의 색은 갈색이다.

홍국균
Red Koji mold

조선 중기 중국으로부터 전래되어 산후 어혈 해소제로 사용되었는데 콜레스테롤 합성 속도를 저하시키고 혈압 및 혈당을 강하하는 기능이 있다.

누룩은 어떤 종류의 누룩과 곡물을 사용하여 만드는가에 따라 다양한 특성을 갖는다. 술, 간장, 된장, 식초, 증류식 소주, 아마자케(달고 약한 알코올 음료), 장아찌와 같은 발효 식품에 사용되는 누룩이 다르다.

일본 사케같은 경우에도 고급주 양조용 누룩과 일반주 양조용 누룩은 각 각 다른 종류의 '종자 누룩'과 다른 종류의 쌀로 만들어진다.

'종자 누룩'은 이것들의 품질과 용도에 정통한 종자 누룩 배급자들이 양조장에 보급하는데 종자 누룩을 만들려면 대대로 전해 내려오는 특별한 기술이 필요하다. 이 기술은 매우 비밀스럽게 취급 되기 때문에 다른 분야의 비숙련자가 진입하기에는 그 장벽이 높은 편이다. 일본의 경우에는 일본 전역에 단 12개만의 종자 누룩 배급자만 있다.

일본식 쌀누룩 만들기

[참고문헌] Tokyo foundation for Policy Research / Chieko Fujita

1단계

24시간(하룻밤) 동안 불린 쌀을 40분간 찐다.

2단계

찐 쌀을 온전히 식힌 후 곰팡이가 잘 붙어서 증식할 수 있도록 쌀에 미세한 스크래치를 내고 '종자누룩'을 뿌리고 난 후 발효실에 넣는다. 쌀의 온도가 45도 이상인 상태에서 살포하면 곰팡이가 죽기 때문에 쌀을 식혀야 한다.

3단계

찐 쌀을 반죽하여 씨 누룩이 밥 전체에 고르게 퍼지도록 한다. 이 작업을 '토코모미'라고 한다. 그런 다음 쌀을 덩어리로 모아서 따뜻하게 온도를 유지하기 위해 천으로 감싼다.

4단계

10~12시간이 지나면 찐 쌀에 누룩균이 번식하는게 전체적으로 균일하지 않은 상태로 자라기 때문에 균일하게 해주기 위해 손으로 다시 섞는 과정을 한다. 이 과정을 '키리카에시'라고 한다. 이 과정이 끝나고 나서 다시 쌀을 천으로 감싼다.

5단계

몇 시간 후 균사체가 성장하면서 찐 쌀 표면에 흰 반점들이 나타나는데 이 반점을 '연무'라고 한다. 연무가 많을 수록 곰팡이가 많이 번식한 것이다. 균이 증식하면서 찐 쌀의 온도가 올라가기 때문에 약 10시간 후에 쌀을 나무로 된 상자에 소분하는데 이 단계를 '모리'라고 한다.

6단계

모리 작업 후에 상자에 담긴 쌀을 섞어서 발생하는 가스를 제거 한다.

7단계

누룩은 단열을 위해 짚으로 덮는다. 짚으로 덮은 상자는 8단으로 쌓는다. 온도와 습도는 상자의 위치에 따라 다르므로 쌓인 상자들의 위치를 4-5시간 마다 바꾸면서 상자 안의 쌀을 섞고 손으로 3줄의 고랑을 내준다.

8단계

약 48시간(이틀)이 지나면 쌀 누룩이 완성된다. 균사체가 잘 자란 누룩은 하얗고 폭신폭신하다.

米 누룩의 관리+

"습도가 70% 이상이 되면 습도가 높은 편이다. 이 상태가 오래 지속되면 검은곰팡이가 피게 된다."

발효가 일어나기 시작해서 미생물 수가 많아지게 되면 열이 발생하기 시작하는데, 이 열을 적절하게 빼주는 작업을 잘해야 한다.

"관리가 잘되고 있는 상태에서 누룩의 곰팡이는 처음에는 흰색, 시간이 지나면 회백색, 황색, 황록색으로 변한다."

집에서 누룩을 만든 후 온,습도 관리를 위해서 만들 수 있는 좋은 방법을 하나 소개한다. 스티로폴로 된 상자를 그림처럼 위, 아래에 각 각 6개의 구멍을 파고 종이 테이프로 모두 12개의 구멍을 막은 뒤 발효가 시작되서 열기가 발생하는 7일째쯤부터 구멍을 위, 아래 각 각 1개씩 테이프를 떼주면서 열기가 빠져 나가도록 한다.

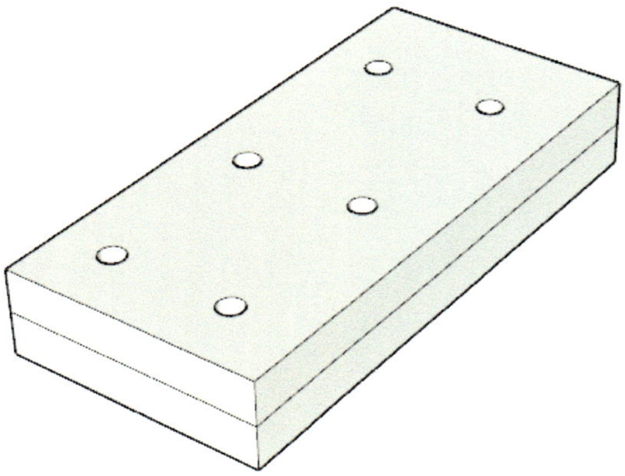

酒 누룩의 법제(法製)

"법제(法製)란 특수한 규정에 따라 가공하는 법이라는 의미"

"누룩에서 법제라는 의미는 바깥에 충분히 말리는 과정을 말한다."

법제란 누룩을 사용하기 2~3일 전에 용도에 따라 밤톨 크기, 콩알 크기, 거친 가루 또는 고운 가루로 빻아 밤낮으로 햇볕과 이슬에 노출해서 살균과 냄새 제거, 표백을 하는 과정을 말한다. 반드시 이 과정을 거친 후에라야 좋은 술 빚기가 가능하며, 모든 술에 법제한 누룩을 사용하는 것을 원칙으로 한다.

법제는 술의 발효시 산패(酸敗)를 막기 위한 전통적인 방법으로 우리 조상들에 의해 행해져 왔다. 발효를 안전하고 원활하게 도모하기 위한 방법이 주모(밑술)를 이용하는 방법인데, 단양주의 경우 발효가 더뎌지면 효모의 활성이 이루어지기 전에 오염균의 침입 또는 잡균 증식에 의한 산패를 초래할 수 있게 되는데, 이때 누룩 속의 젖산균은 자연적으로 발생하여 젖산을 생성, 오염균이나 잡균의 증식을 막아주게 된다. 그런데 문제는 이 젖산균의 번식이 지나쳐 오히려 효모의 번식을 억제하게 되고 결국 산패가 일어난다.

Original Korean Soft Wine

때문에 누룩이나 조효소제를 입국 없이 술을 빚으려면 젖산이나 구연산을 넣어주어야 한다. 이 과정을 '보산(補酸)'이라고 하는데, 보산을 하지 않으려면 반드시 '주모(酒母)'를 사용해야 한다.

따라서, 법제는 햇볕의 자외선을 이용한 잡균 살균과 누룩곰팡이의 색깔에 의해 술 빛깔이 검어지고 탁해지는 것을 막기 위한 표백 효과, 바람에 의한 나쁜 냄새 제거, 탈취 효과, 그리고 이슬과 햇볕에 의한 수분 공급과 가온 효과 등으로 누룩곰팡이와 효모 증식을 유도하여, 보다 안전한 발효를 도왔던 것이다.

법제는 술을 빚기 전에 반드시 행하여야 하고, 사용하고 남은 누룩이 있으면 다시 위의 요령으로 보관하되, 장마철이 되거나 더워지는 여름철에는 비닐봉투에 여러 겹으로 싸서 냉장보관하여 사용하는 것도 한 방법이다.

그리고 다음 술 빚기에 이용할 때는 다시 반복하여 법제를 하는 것이 좋다. 단, 절대로 눈이나 비를 맞혀서는 안 된다. 법제를 해야 하겠는데 일기가 고르지 못하거나, 장시간 외출을 해야 할 경우에는 두꺼운 투명비닐을 덮어주는 것도 좋은 방법이다. [출처] 사용 전 보관과 법제, 법제 후 보관 (한국의 전통명주 4 : 버선발로 디딘 누룩, 2005. 12. 20)

THE FLOWER RAIN

酒 누룩의 법제(法製)

탈색, 살균, 탈취, 수분건조

탈취, 수분흡수, 미생물활성

누룩 법제 순서

누룩 표면 털기

누룩 표면에 있는 먼지와 같은 이물질을 제거한다. 오염 방지를 위해 소독된 핀셋, 솔을 사용한다.

누룩 부수기

밤(콩)알 정도로 잘라 수분 증발이 잘 될 수 있도록 한다. 매우 딱딱해서 손으로는 할 수 없다. 일자 드라이버 끝을 소독하여 망치로 돌을 깨는 정처럼 사용하여 부순다.

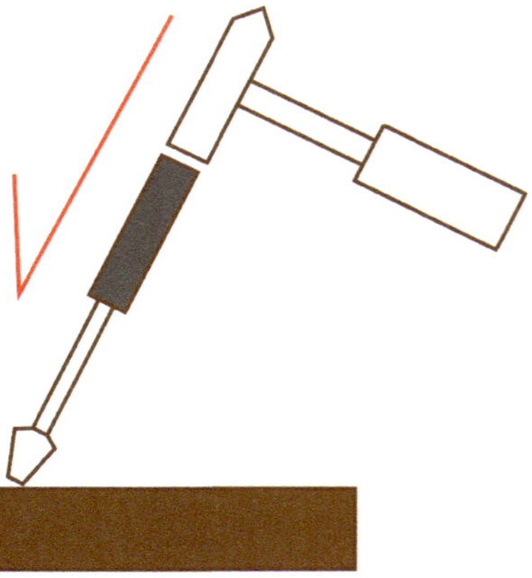

누룩 건조하기

누룩이 완전히 건조되도록 햇볕에 잘 널어 놓는다.

누룩 수분 흡수

밤에는 수분을 흡수하여 미생물 활성이 생기도록 한다.

반복 작업

1주일 동안 법제를 하고 완전히 말려서 보관한다.
비만 내리지 않는다면 누룩은 새벽 이슬을 머금었다 뱉었다 하며 법제가 된다.

누룩의 선택

밀 누룩

당화와 알코올 발효가 잘되고 산미가 높다. 콩알 정도로 절구로 빻아서 사용하는게 좋다. 다만 믹서기를 사용하는 것은 모터 열기 때문에 누룩균이 죽을 수 있으므로 추천하지 않는다. 밀 누룩의 양은 총 쌀 양의 10%를 사용한다.

"예를 들어, 찹쌀 5kg을 사용한다면
5kg×0.1=누룩 500g 을 사용한다."

쌀 누룩

누룩 특유의 냄새, 누룩취가 없는 것이 특징이고 당화력과 알코올 분해가 느리고 산미가 낮다. 쌀 누룩은 믹서기에 갈아서 사용이 가능하다. 쌀 누룩의 양은 총 쌀 양의 30%를 사용한다.

"예를 들어, 찹쌀 5kg에 쌀 누룩을 사용한다면 5kg×0.3=쌀 누룩 1.5kg 을 사용한다."

酒 누룩의 선택

누룩 선택 방법

역가(SP)

역가(=당화력, Saccharogenic Power)
:: 전분 1g을 포도당으로 만드는 힘

역가가 되도록 큰 것을 사용한다. 보통 300SP 이상임.

시각적 판단

백곡균류(흰색, 회색, 회백색)가 산 생성 능력이 높고, 당화력과 알코올 생성력이 높다. 반면, 황색균류(황색, 황록색)는 단 맛이 높은 편이다. 흑곡균류(검정색)은 신맛이 높게 되어 증류주 향미를 높이는데 좋다.

후각적 판단

지푸라기 냄새(짚 내), 묵은 냄새, 간장, 된장 냄새가 나는 것은 되도록 선택하지 말고 고소한 냄새가 나는 것으로 선택한다.

누룩의 사용량

조선시대

전체 쌀 양의 3~5% 사용

현대시대

전체 쌀 양의 8~10% 사용
또한, 현재 술 제조시에는 누룩, 개량누룩, 조효소제, 정제효소제 등도 사용한다. 모두 다 인터넷으로 구입 가능하다.

조효소제

조효소제는 녹말을 함유한 곡물에 인공적으로 성장 시킨 당화효소 생성균을 번식시킨 것으로, 주로 '가락누룩' 형태로 제조한다. 조효소제는 전통 누룩보다 안정된 맛과 월등하게 높은 당화력을 가지고 있다. 회백색 과립 상태로 되어 있고 역가 부족이 보강되어 발효의 안정도를 높이는 데 사용된다.

정제효소제

정제효소제는 식용 탄수화물을 사용한 고체 및 액체 배지에 당화효소 생성균을 배양시킨 다음 효소를 분리 정제한 것을 말한다. 역가조정, 품질보존 등을 위하여 희석제, 안정제 등을 첨가하기도 한다. 당화력은 곡자(전통누룩)는 300SP이상, 입국은 60SP 이상, 조효소제는 600SP 이상 및 정제 효소제 중 액상은 10,000SP 이상, 분말은 15,000SP 이상을 함유한다.

酒 누룩 종류별 당화력

누룩 사용량

누룩 종류별 당화력(SP)과 쌀 투입량

구분	당화력(SP)	쌀 투입량
입국	50	48(%)
전통누룩	300	8(%)
개량누룩	1,200	2(%)
조효소제	3,000	0.8(%)
정제효소제	30,000	0.08(%)

$$당화제\ 투입량(\%) = \frac{2,400,000}{SP} \times 100$$

쌀 1g에 필요한 당화력은 24~27 SP

계산방법

쌀 100kg를 전통누룩을 사용할 경우
2,400,000~2,700,000 SP 이므로

$$\frac{2,400,000\ SP}{100,000g} \times 100 = 2,400\ 이므로$$

Original Korean Soft Wine

※ 누룩의 사용량 계산방법

전통누룩 투입량은

$$\frac{2,400}{300} = 8(\%)$$가 된다.

예제

쌀 5kg를 입국을 사용할 경우 입국투입량은?

100kg 사용 시

$$\frac{2,400,000\ SP}{100,000g} \times 100 = 2,400$$ 이므로

입국 투입량은

$$\frac{2,400}{50} = 48(\%)$$가 된다.

쌀 5kg에 대한 입국 투입량은

5kg × 0.48 = 2.4kg 이므로

쌀 5kg에 입국을 사용할 경우는 2.4kg을 사용한다.

쌀 5kg를 전통누룩을 사용할 경우는?

5kg × 0.08 = 0.4kg = 400g 을 사용한다

Original Korean Soft Wine

발효조

"정성을 다해 빚은 술의 결과를
시간을 가지고 보여주는 술을 담은 그릇"

'음식디미방'에 기록된 술 제조법

발효조

잘 구워진 항아리(관독)를 사용한다.

발효조 소독

항아리의 안과 밖을 아주 많이 씻고, 청솔가지를 많이 넣어 솥에 꺼꾸로 엎어서 쪄서 식혀 술을 빚어 넣는다. 만약 다른 용도로 사용하던 항아리라면 여러 날 물을 부어 우린 후 솔가지를 넣어 쪄서 사용한다.

술 독 온도(품온) 관리

추울 때면 짚으로 독의 몸을 감아 엮어 옷을 입히고, 술 독 밑에 늘 판지를 놓아 온기가 오르지 못하게 한다. 또한, 술 독을 두꺼운 종이나 기름종이로 싸맨다. 절대 술 독을 바닥에 그대로 놓아 바닥의 온기나 냉기가 술 독으로 직접 전달되지 않도록 한다. 나무 판재를 놓고 그 위에 독을 놓는다.

누룩 처리와 누룩량, 밀가루양

고운 채로 곱게 쳐서 가루 낸 것을 사용하였으며, 대략 쌀 한 말에 누룩 한 되, 밀가루 세 홉씩 넣는다(누룩 한 되면 현재 계량법으로 쌀의 10%가 되고, 밀가루 세 홉이면 누룩의 30%가 된다.).

물 처리

끓인 물 (탕수) 을 사용한다 .

술이 넘칠 경우

시루를 깨끗이 씻어 술 독에 엎혀놓고 사이를 발라 술이 새지 못하게 한다.

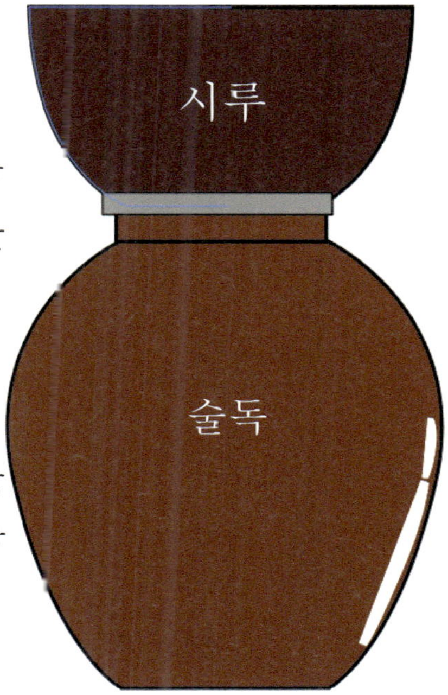

다 만들어진 술 처리법과 주의점

청주를 짜 넣을 술 단지와 병을 더운 물로 씻어 두었다가 마르면 술을 담는다.

다 만들어진 술 처리법과 주의점

- 바쁘면 더운 물로 씻은 후에 술을 조금 넣어 흔들어 쏟고 그 곳에 술을 넣는다.
- 술 떠내는 바가지는 물기 없어 써서 독에 그냥 넣어두고 쓰면 변치 않는다(알코올 성분때문에 소독이 된다.).
- 술을 떠내고 나서 밥보자기를 더운 물을 묻혀 짜버리고 독 안을 씻어 내면 빈 독 냄새가 나지 않는다.
- 술이 막 익거든 맑은 술을 다 받아놓고 흐린 술은 짜서 거른다.

술 빚을 때 주의점

- 술 독에 온기가 오르지 않도록 주의해야 한다.
- 술 김이 나가면 변한다(알코올이 날아가면 상한다는 의미).
- 씻을 때 깨끗이 씻지 않았을 경우(쌀을 깨끗하게 씻어야한다.)
- 쌀이 적게 들어갔는데 물은 법대로 부었을 경우
(비율을 지키라는 의미)

발효조의 선택

1670년대 음식디미방에 기록된 내용

- "술 독은 잘 구워진 '관독'이 좋고, '노란독'도 좋다. 독 안과 밖을 가장 많이 씻어 청솔가지를 많이 넣어 솥에 꺼꾸로 엎어 쪄서 식혀 넣는다.

음식디미방에는 40여 가지의 술 제조법이 기록되어 있는데 가장 먼저 등장하는 술이 '순향주법'이다. 순향주법에서도 가장 먼저 등장하는 것이 바로 술 독을 선택하는 것과 살균하는 방법이다.

TIP

- 옛날이나 지금이나 술 독의 선택과 살균을 중요시 생각함
- 음식디미방은 한글로 쓴 최초의 조리서로써 술, 초류, 소과, 어육, 면병 등의 내용으로 구성되어 있다.
- 술은 단양주(정감청주, 점감주 등), 이양주(감향주, 하양주, 벽향주, 유화주 등), 삼양주, 사양주, 약용주(차주법, 송화주,오가피주 등),혼향주(과하주), 소주(밀소주, 찹쌀소주), 누룩(주국방법, 이화주 누룩법)이 소개되어 있다.

TIP

- 술 만드는 법을 통해 한가지 술을 최소 30번 이상 빚어봐야 비로소 자기 술이 된다. 빚은 술은 모두 다 나눠주지 말고 3, 6, 9개월 후에 시음과 평가를 할 수 있도록 별도로 상하지 않게 보관하는게 좋다.

- 단양주는 1~2개월 안에 마시는게 좋지만, 삼양주는 오래 두고 마실 수 있다. 막걸리는 보통 14~15일이 보관 기간이다.

발효조의 선택

- 술 독 입구는 넓고 두꺼운 것이 좋다.
- 술을 빚을 때는 쌀과 누룩 등을 혼합해 술 독에 넣거나 혼합 할 때 술이 잘 익어 용수를 박아 넣거나 술을 걸러낼 방법을 미리 고려해서 발효조를 선택해야 한다.
- 술과 같은 발효 식품을 빚을 때는 발효조가 두께가 얇은 것보다 두꺼운 것이 좋다. 최근에는 항아리보다 스테인레스 304 계열을 더 많이 사용한다. 경우에 따라서는 가볍고 가격이 저렴한 폴리머(플라스틱) 계열을 사용하기도 하지만 알코올과 발효라는 장시간 보존의 특성 상 폴리머에서 용출되는 환경홀몬의 영향이 있을 수 있으므로 사용하지 말 것을 권장한다.

발효조의 용기별 특징

- 항아리는 발효와 숙성에 적합하나 무겁고 깨지기가 쉽다.
- 스테인레스는 가볍고 대량 발효가 가능, 가격이 비싸다.
- 알미늄, 구리, 철은 부식이 발생하므로 사용하면 안된다.
- 플라스틱은 가볍고 이동성이 좋고 가격이 저렴하나 색, 향 등에 영향이나 오염이 발생한다.
- 유리병은 발효 내부과정을 볼 수 있는 장점이 있으나 소량만 가능하며 깨지기가 쉽고 용량이 한정적이다.
- 목재용기는 발효보다는 숙성의 효과가 매우 좋으나 알코올을 흡수하여 알코올이 감소되고 색의 변화, 보관 나무의 향이 술에 배는 단점이 있다.

발효조의 살균

살균 종류별 내용과 장,단점

증기 살균
끓는 물을 이용한다. 화상과 안전 사고의 위험성이 있다.

연기 살균
짚, 쑥대등을 태워서 훈제하는 방식으로 효과는 좋은 편이나 잔여물질이 술의 향에 영향을 미친다. 특히, 항아리나 나무발효조의 경우에는 적합하지 않다.

불 살균
불을 직접 넣어(예 타는 짚이나 종이) 살균하는 방식으로 냄새, 위험성, 살균의 어려움이 있다.

물 살균
물로 세척하는 것은 살균이 아니다(물에는 세균이 포함되어 있다.). 끓는 물로 세척하는 것은 살균 효과가 있다.

알코올 살균
70~80%의 고농도 알코올을 분무기와 면포를 이용해 살균하는 방법으로 효과는 좋으나 금속에 부식 등과 같은 2차 변형을 일으킨다. 따라서, 10~40%의 저농도~중농도 알코올로 희석하거나 소주를 사용해서 살균해도 효과가 있다.

TIP

술을 다 빚은 후 술 병에 병입을 하게 된 후에도 잔여 누룩이나 효소로 인해 발효가 되는 것을 막기 위해 저온살균을 하는 경우도 있다. 75도 물 속에서 술 병을 넣고 5분(방법1), 83도에서 2분 가열(방법2)로 하면 저온살균 방식으로 병 안의 세균이 살균이 된다. 발효억제제(방법3)를 쓰기도 한다.

酒 발효조 소독

항아리 소독

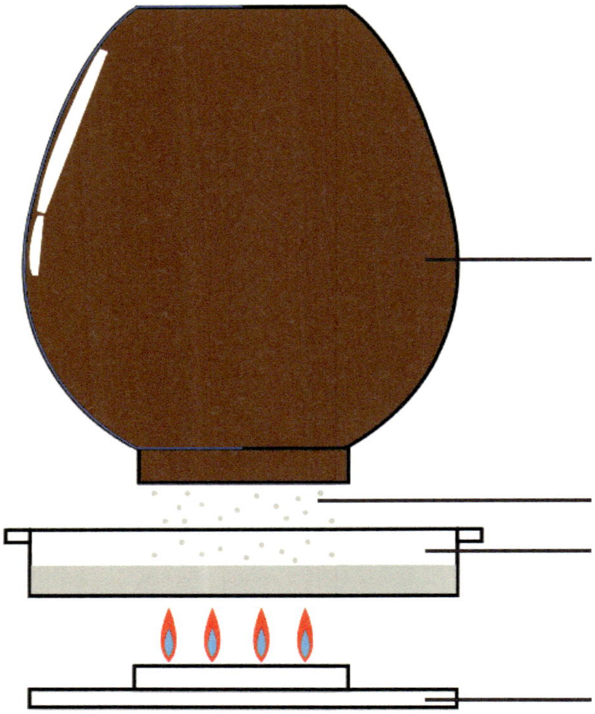

항아리 내에 곰팡이나 잡균들이 남아 있을 수가 있어서 항아리를 사용하기 전에는 소독해야 한다. 옛날에는 볏 짚을 태워 그 연기로 소독했으나 요즘은 그렇게 하기가 어려워서 물을 끓여 수증기로 소독을 한다. 항아리 밑바닥이 뜨거워질 때까지 소독을 해야 하고, 소독이 끝난 후 꺼낼 때는 항아리 안에 열기가 남아있기 때문에 장갑을 끼고 항아리 입구가 얼굴 쪽으로 향하지 않도록 남은 증기에 주의해서 꺼내야 한다.

발효조 선정

술 발효조 선정

전통적으로 사용하던 장독을 사용하는 것이 좋으나, 현대 주거 문화가 마당이 있는 단독주택보다 공동주택(빌라, 아파트, 다가구 등) 거주 형태가 많아지면서 작던 크던 간에 집 안에 장독을 보관하는 것은 쉽지 않다. 이런 경우에는 장독보다는 스테인레스 위생용기를 추천한다. 용량은 5갤런(20L) 정도로 최소 수량은 2개 정도는 준비하는 것이 좋다(약 7만원 정도). 윗지름과 높이, 용량을 잘 확인해야 한다. 인터넷에서 쉽게 구입할 수 있다.

스텐 위생용기

알루미늄 위생용기

스텐 소도와

알루미늄 소도와

스텐 발효조

가격은 일반적인 발효조보다 상당히 비싸지만 이동이 가능하게 바퀴가 부착되고 잠금 뚜껑(매미고리)이 있고 3피스로 된 에어락(약간의 물을 담아 뚜껑의 구멍부위에 꼽아놓게 되면 발효조에서 발효가 발생할 때 나오는 이산화탄소 CO_2가 에어락으로 나오는 것이 보이는 장치)과 온도계, 온도조절장치가 붙은 타입도 있다. 에어락을 사용하려면 실리콘 고리나 실리콘 마개가 있어야 끼워서 사용할 수 있다. 전문 발효조는 작은 크기가 백만원 이상으로 집에서 사용하기에는 부담스럽다.하지만 와인이나 맥주, 식초 등을 전문으로 발효할 때는 사용하기도 한다.

에어락

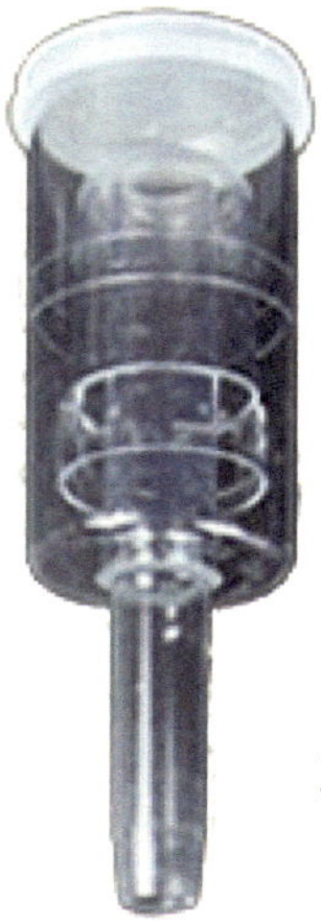

3피스 에어락

S자형 에어락

유리 발효조

집에서 소용량으로 술을 빚고자 하는 경우에는 1L, 3L, 5L 유리병에 옵션으로 에어락이 부착된 뚜껑을 부착해서 사용할 수 있는 제품을 사용하면 좋다. 기존에 사용하던 플라스틱에 에어락만을 끼우거나 또는 1.8L 페트병에 에어락만 끼울 수 있는 제품들도 있다.

발효조 선택방법

▲ 스테인레스 발효통은 외관이 광택이 되어 있어야 한다. 외관에 광택이 있기 위해서는 '폴리싱'이라고 하는 연마작업이 있어야 하는데 이 작업이 되지 않은 스테인레스 통은 표면에 미세한 흠집이 생기고 여기에 미생물이나 세균이 서식하여 술의 품질에 안좋은 영향을 미친다. 뚜껑 안 쪽에는 실리콘 패킹이 되있어야 하고, 꼭 있어야만 하는 것은 아니지만 뚜껑에 에어락과 바이메탈 온도계가 있으면 좋다.

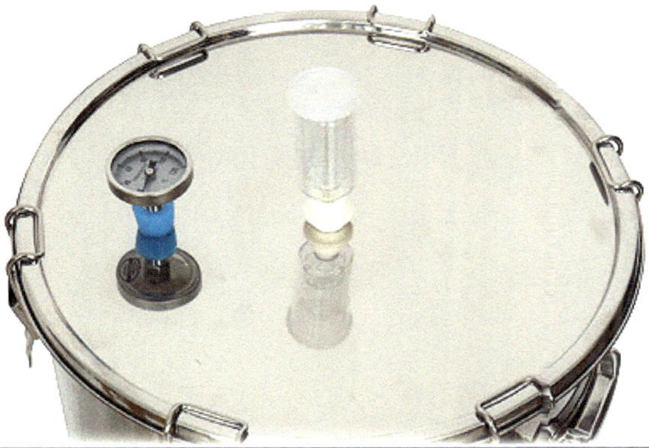

酒 아마자케

"일본에서 전통적으로 먹는 감미 음료"

아마자케는 '아마가유' (甘粥)라고도 하는데 한국에서는 '감주(甘酒)'라고도 한다. 색은 막걸리처럼 탁한 색을 띄고 있다. 옛날에는 '히토요자케(一夜酒)', '고사케(醴酒, 진한술)'이라고도 불렀다. 술을 거르고 남은 술지게미, 코지, 쌀을 가지고 만들지만 알코올은 거의 없어서 알코올 도수 1% 미만의 일반음료로 판매된다.

여름에 아마자케를 마시면 더위 먹는 것을 막아주었을 뿐만 아니라 영양이 풍부해 체력 회복에도 효과적이었기 때문에 지금으로 치면 영양 드링크 역할도 했다.

여름에 아마자케를 마시면 더위 먹는 것을 막아주었을 뿐만 아니라 영양이 풍부해 체력 회복에도 효과적이었기 때문에 지금으로 치면 영양 드링크 역할도 했다. 캔이나 병에 담아 판매하는 것 외에도 농축, 분말, 동결건조 제품도 판매되고 있으며 냉장 아마자케, 아마자케 요구르트 등의 제품도 시중에 판매되고 있다.

[일부 출처] 위키피아

米 도부로쿠

"한국의 막걸리와 거의 비슷한 일본 탁주"

일본말로 '탁주'를 뜻하는 '도부로쿠'는 고두밥을 지어 식힌 다음, 물과 함께 누룩을 섞어 발효시키는 막걸리의 양조과정과 꼭 닮아 있다. 단지 차이가 있다면 마지막에 막걸리가 물을 섞고 지게미를 걸러내는 것과 달리 '도부로쿠'는 아무것도 거르거나 섞지 않고 발효된 원주 상태 그대로를 마신다는 차이가 있을 뿐이다.

한국의 막걸리와 꼭 닮은 도부로쿠는 여러가지 설이 있지만 백제시대 때 수수보리가 일본에 가서 술 빚는 법을 가르쳐줬고 그 술이 아주 맛있다는 얘기가 일본 고사기에 등장한다고 한다. 알코올도는 청주와 같은 정도의 14 ~ 17%이다. 가격은 1만5천원정도 한다.

우리의 막걸리가 서민들의 삶 속에서 하나의 영역을 만들어 온 것과 달리 청주(사케) 위주로 흘러 온 일본 술 시장에서 '도부로쿠'는 간신히 그 명맥 만을 유지하고 있다.

[일부 출처]SBS

酒 도부로쿠 레시피

준비물

찹쌀 500g
쌀누룩 150g
물(끓였다 식힌물) 650ml
물(미지근한 물: 효모 녹이는 용도) 100ml
이스트 150g
[완성 후 술의 양] 총 **700ml**

만드는 방법은 아주 간단하다. 물, 쌀누룩, 찐 찹쌀에, 극히 소량의 빵 효모 뿐이다. 이 것들을 섞어 두어 발효 온도 25~30도에서 7일~10일 정도 두면 완성된다.

대부분의 사람은, 일본 술이라고 하면 병에 넣은 무색 투명의 액체라고 떠올리겠지만, 실제로 만들어 보면, 일본술이라고 하는 것은 실은 황미가 걸려 있다는 것을 알게될 것이다.

米 아마자케 레시피

준비물

쌀누룩 또는 사케카스 200g
물(생수) 700ml
유자 반 개
설탕 3T

물을 끓인 후 쌀누룩을 넣고 약불로 저어주면서 끓인다. 보글보글 끓기 시작하면 유자 반 개를 슬라이스해서 넣어준다. 약 1분간 젓다가 설탕 3T를 모두 넣어주고 다시 젓는다.

설탕이 녹으면 식힌 후 담궈서 바로 마실 수 있다. 설탕이 조금 많다고 생각하면 1T~3T 사이에서 조절하거나 꿀이나 물엿을 대신 사용해도 된다. 단, 마시기 전에 녹여야 하므로 사용량을 미리 정해야한다.

酒 송엽주 레시피

준비물

멥쌀 2.5kg, 솔잎300g(쌀양의 12%),
누룩250g(쌀양의 10%), 솔잎을 달인 물10L(15L물을 달여서 남은 물)
[완성 후 술의 양] 총 12L (500ml 24병)

솔잎에는 비타민 A, C, K, 팔미틴산, 라우린산, 테르핀, 시스테르펜 등이 포함되어 있어, 혈관벽 강화 효능, 혈행 개선, 고혈압, 심장병, 류마티스, 신경통 등에 효과가 뛰어나다.

솔잎은 이른 봄에 새로 자라는 어린 솔잎보다는 한겨울에 채취하는 것이 약효가 더 뛰어나다. 한겨울에는 소나무의 모든 약효가 집중되어서 안정적인 약효를 얻을 수 있다. 고전 주방문에서는 '만병을 다스린다' 라고 설명되어 있다. 다.

조선시대 자료들에는, 솔잎을 그대로 사용하기보다는 물에 오랫동안 삶아서 솔잎의 떫고 쓴맛을 우려내거나 해소한 뒤에 사용한다 라고 기록되어 있다.

01. 솔잎 씻기
청정한 곳에서 채취한 깨끗하고 밝기가 밝고 색이 진한 솔잎 250~300g을 흐르는 물에 5회 정도 씻는다.

02. 솔잎 끓이기
약 15L의 물에 준비된 솔잎을 넣고 2시간 정도 약불에서 탕약처럼 달인다.

03. 멥쌀 준비
멥쌀 2.5kg을 여러 번 씻어서 투명한 물이 나올 때까지 씻은 뒤 1시간 정도 물을 빼고 가루로 만든다.

04. 멥쌀죽 만들기
쌀 1, 물 4의 비율로 쌀 2.5kg이므로 솔잎 달인 물 10L를 80~90도 정도일 때 멥쌀 가루에 섞어서 25도 정도가 되게 차게 식히며 잘 버무린다.

05. 누룩섞기
쌀 양의 10%인 누룩 250g을 만들어진 멥쌀 죽과 고르게 잘 치대며 섞는다.

06. 발효조에 넣기
쌀, 물, 누룩이 고르게 섞어진 술 재료를 소독된 발효조에 넣고 약 (3주)20~21일 정도 발효시킨다. 3일 간격으로 2번 정도 저어서 효모들의 활동을 도와준다.

07. 발효 후 술거르기
발효가 끝난 후 술자루에 넣어서 압착, 여과하고, 채주한다.

Original Korean Soft Wine

미생물

"술은 미생물이 빚고 사람은 미생물의 일을 도와주는 것일 뿐이다."

"식빵, 된장, 간장, 요구르트, 막걸리, 맥주 모두 미생물이 만들어준 먹거리들이다."

술 제조개념

"쌀 속의 전분을 효소가 포도당으로 분해
하고, 분해된 포도당을 효모가 먹고 부산물
로 뱉어낸 알코올이 술이다."

호기성 증식

산소가 있어야만 성장이 가능한 미생물
효모는 산소가 있을 때 '증식(늘어남)'을 한다.

혐기성 알코올 생성

산소가 없어도 성장이 가능한 미생물
효모는 산소가 없을 때 '알코올 생성'을 한다.

술 관련 미생물

효모(酵母, yeast: 이스트)

약 5천 년 전부터 인간이 식품에 이용해 온 '미생물'로써 '진균류'에 속하는 진핵생물이며 크기가 아주 작아 육안으로는 볼 수 없는 미생물이다. 효모는 20~25도 정도에서 가장 잘 자라며 당을 분해해서 에틸알코올(에탄올)과 이산화탄소(CO_2)를 생성하기 때문에 술 제조에 이용되는 곰팡이다. 씻고 불리고 물을 뺀 쌀을 더 잘게 분쇄하면 녹말(전분)을 이루고 있던 포도당 구조가 분리되는 당화 과정이 일어나고 어느 정도 시간이 지나면 효모가 그 역할을 다하고 사멸하게 된다. 또한, 효모가 활동을 정지시키기 위해서는 고온이나 냉동이 되면 활동이 정지된다. (계속)

효모는 공기가 풍부한 조건에서는 술을 안 만들기 때문에 술을 빚을 때는 공기 공급을 최대한 차단한다. 효모가 포도당을 알코올로 변화시키는 과정을 '발효(醱酵, Fermentation)'라고 한다. 일반적으로 효모는 알코올에 대한 내성이 높지 않기 때문에 알코올 농도 12% 이상에 접촉되면 야생 효모는 자기가 생산한 알코올 때문에 더 이상 자라지 못하고 죽게된다. 이런 현상을 '자기제어(自己制御,Self Inhibition)'라고 한다. 즉, 효모가 만들어 낼 수 있는 알코올 농도는 12~13%가 한계다.

단발효

당(Glucose)을 가지고 효모가 알코올을 만드는 것.
당을 많이 가지고 있는 원료에 효모를 투입해서 바로 알코올을 만드는 발효로 당분이 많은 포도를 이용한 술, 포도주가 대표적인 '단 발효주'다.

복발효

단행 복발효

1차로 당화과정이, 2차로 알코올 발효 과정이 진행되는 것으로 주로 맥주를 만드는 과정에 이용된다. 전분과 효소가 같이 들어있는 '맥아'에 물을 혼합하면 당(Glucose)이 만들어지고 당은 '엔자임(Enzyme)'이라고 하는 효모에 의해 알코올이 생성되는 것이다. 당화과정과 알코올 발효과정이 별도로 진행되는 발효과정이다.

병행 복발효

누룩을 이용해서 한국술, 전통주를 만들 때 사용하는 방식이다. 누룩에는 '효소(누룩곰팡이)'와 '효모(엔자임)'이 같이 들어있다. 효소는 쌀의 전분으로 당을 만들어내고, 그 당은 '효모'에 의해 알코올이 생성된다. 당화 과정과 알코올 발효과정이 동시에 진행되는 것이 우리 전통주의 제조 방식이다.

곰팡이

실처럼 생겨서 '사상균'이라고 하며, 30도 정도의 따뜻한 온도를 좋아한다.

젖산균

당분을 분해해 젖산을 생성하며 발효 초기 젖산을 생성해서 잡균 증식을 억제한다. 김치에 밀가루를 넣는 것도 잡균 증식 억제를 위해서 넣는다.

초산균

알코올을 산화하여 초산을 만드는 균과 포도당을 산화하여 글루콘산이나 케토산을 만드는 균으로 나누어진다. 전자를 엑시터박터(Acetobacter), 후자를 글루코노박터(Gluconobacter)라고 부른다. 알코올 5~10%, 온도 20~30도를 좋아하며, 45도 이상에서는 번식력이 약하다. 공기 중의 산소를 이용하여 알코올을 초산(아세트산)발효를 일으키는 균으로 시큼한 맛을 나게 한다. 아세트산의 농도가 10% 이상이 되면 균은 자연 사멸된다.

화락균

알코올 도수 15% 이상인 청주에 증식하면서 하얗고 탁한 물질을 만들어 내는 젖산균으로 용기나 기구 등에 의해 오염되며 알코올에 대한 내성이 강한 유산균이며, 술을 탁하게 만든다.

고초균

막대기 모양으로 생겼으며 자연계에 널리 분포하는 비병원성 세균으로 마른 풀, 공기, 하수, 토양 속에 존재하며 메주 증식에서는 아주 유용하게 쓰이나 알코올에 대한 내성이 강한 유산균으로 술을 탁하게 만든다. 150도 이상 가열해도 죽지 않는다. 대표적인 이름으로 바실러스균이라고도 하는데 유효미생물로 많이 사용되는 EM이나 일본음식인 낫토를 만드는데 사용된다.

홍국곰팡이

찐 쌀에 붉은색 곰팡이를 번식시켜 놓은 붉은 누룩을 홍국이라고 한다. 홍국은 '모나콜린 K'가 주성분으로 콜레스틴의 합성단계에서 관여해 합성을 방해하는 역할을 한다. 우리나라에도 홍국을 이용한 막걸리가 있다.

소주

소주는 우리나라 대표적인 증류주로써 우리나라에 증류법이 전해진 시기는 원나라 때로 당시 소주는 고급 주류로서 상류층에서 즐겨 마셨다고 한다. 요즘의 소주는 서민을 대표하는 술이지만 조선 시대에는 무척 사치스러운 술이었으며 소주의 제조를 금지하자는 주장도 있을 정도였다. 소주는 희석식 소주와 증류식 소주로 구별된다.

희석식 소주

알코올 함량 95% 내외로 증류한 순수 '주정(거의 순수 에틸알코올)'에 물과 첨가물을 혼합하여 희석하여 마시기 적당하게 맛을 가미한 술,

과거에는 25% 정도 도수의 소주들이 주류였으나 너무 독하다는 이유로 조금씩 도수를 약하게 만들고 여성들을 대상으로 마케팅이 진행되면서 지금은 OO맛 소주 등 도수를 10% 정도까지 낮춘 소주들이 대세다.

증류식 소주

막걸리를 '고리'라고 하는 전통증류기로 증류하여 제조한 소주로 1965년 식량 부족으로 소주용 곡류 금지법에 의해 생산이 금지되었다가 88올림픽을 계기로 규제를 완화하면서 다시 생산되기 시작하였다. 1991년부터는 소주 제조 면허가 개방되고 정부의 전통문화 전수, 보전 정책으로 다시 활발하게 생산되고 있다.

대표적으로 안동소주, 남북정상회담에서 건배주로 사용된 문배주, 한주, 옥로주 등이 있다. 우리나라 전통 소주의 증류 방식은 주정에 물을 희석시킨 현대식 소주와는 전혀 다르다.

"진짜 소주는 증류식 소주다."

증류식 소주의 특징

증류식 소주는 막걸리를 증류하여 만들기 때문에 알코올 도수가 20도를 넘어서 스트레이트로 마시기도 하지만 칵테일로 만들어 마실 수 있다. 얼음을 넣고 레몬이나 탄산수, 소다 또는 그레나딘 시럽 등을 섞고 쉐이커로 섞으면 독특한 맛의 전통 소주 칵테일을 만들 수 있다.

알코올에탄올 성질

막걸리를 증류하면 '소주'가, 맥주를 증류하면 '위스키'가, 포도주를 증류하면 '꼬냑' 브랜디, 밀과 보리, 호밀 발효주를 증류하면 '보드카'가 만들어진다. 발효주를 끓이면 물은 100도에서 끓지만 에탄올은 78.37도에서 끓으면서 알코올이 먼저 증발되는데 기화된 알코올이 식으면서 다시 액체가 된다. 이 때 식은 알코올만 빼내서 담아준 것이 증류 소주다. 소주는 한자로 불사를 소(燒), 술 주(酒)를 써서 불사른 술, 불로 찐 술이라고 한다. 외국에서는 발효주의 영혼을 뽑아냈다고 해서 '스피릿(Spirit), 영혼'이라고 부른다.

에탄올화합물

화학식: C_2H_5OH

밀 도: 789/m^3

끓는점: 78.37도

녹는점: -114.1도

증기압: 5.95kPa

순수 에탄올은 물과 섞여 있을 경우에는 층이 나뉘게 된다. 공업용 에탄올은 주세 세금이 붙지 않으므로 주정으로 사용되는 것을 막기 위해 메탄올 등의 음용이 불가능한 물질과 섞여 있다. 에탄올은 단백질을 응고시키는 성질이 있어서 소독과 살균 작용을 한다. 에탄올은 중추 신경 억제 효과가 있고 합리적 판단을 할 수 없게 하여 흥분 상태에 이르게 하고 중독성의 위험이 있다.

증류법

단식증류기

소주를 만드는 증류기는 단식증류기와 연속증류기가 있다. 단식증류기로 만든 술은 중후한 맛과 소량의 알코올만 생성이 가능하다는 특징이 있다.

내부 구조는 간단하다. 끓일 수 있는 통에 끓는 점이 다른 알코올이 기화 될 수 있는 기다란 형태와 기화된 알코올이 식으면서 액체로 만들어 질 수 있는 관 그리고, 증류수를 담을 수 있는 통이 전부다. 단식증류기의 장점은 시설비가 적게 들고 증류수의 맛과 향을 최대한 담을 수 있다.

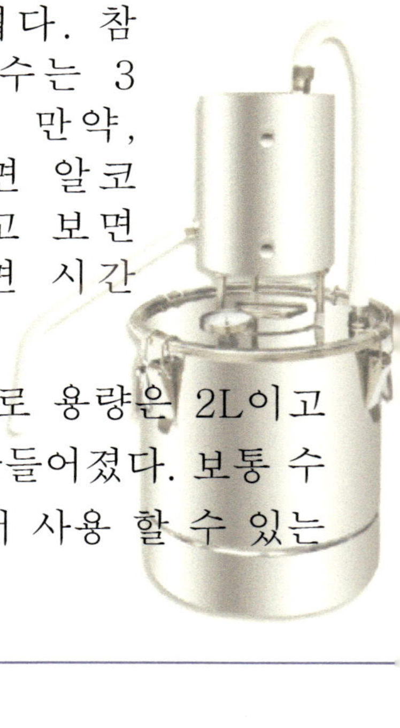

단점으로는 증류주의 대량 생산이 어렵다. 참고로 증류주로 만들게되면 알코올 도수는 3배가 올라가고 양은 3배로 줄어든다. 만약, 15도짜리 막걸리 1.5L로 술을 만들면 알코올은 45도 술양은 500ml가 나온다고 보면 된다. 용량이 작아서 다시 증류할려면 시간이 많이 걸린다.

위 그림의 단식 증류기는 포트투칼 제품으로 용량은 2L이고 재질은 열전도가 가장 잘되는 구리(동)로 만들어졌다. 보통 수제로 만들어져서 가격도 상당하다. 가정에서 사용 할 수 있는 10만원대의 증류기도 있다.

연속식증류기

현재 우리나라 주세법에 따라 '주정'을 만드는 목적 이 외에는 연속식 증류기를 사용 할 수 없다. 우리나라의 주정 회사는 10개가 안된다. 주정의 재료는 단가를 낮추기 위해서 전분이 포함된 저가의 옥수수나 고구마를 가지고 만든다.

연속식 증류기는 무엇보다도 대량 생산이 가능하고 경쾌한 맑은 맛을 낼 수가 있다. 증기에 포함된 액체의 각 기 다른 비중을 이용하여 각 단들의 증기를 모아 각 각 만들기 때문에 농도와 맛이 다르고 생산 원가도 적게 들고 연속 작업이 가능하다. 단점으로는 시설비 부담이 많이 들고 향기 성분이 휘발성이라 향기가 나지 않는다는 점이 있다.

감미료

감미료의 종류

희석식 소주는 그 자체로만 마시면 아무런 향도, 맛도 없다. 그래서 첨가물을 넣을 수 밖에 없는데 이 첨가물을 '감미료(甘味料), sweetening'라는 표현을 쓴다.

감미료는 단맛을 느끼게 하는 조미료 및 식품 첨가물의 총칭으로 설탕, 꿀, 포도당, 엿, 젖당, 감차(甘茶),감초(甘草), 단풍나무 수액, 스테비오사이드와 같은 천연 감미료와 소비톨, 아스파탐, 수크랄로스, 사카린, 시클라메이트, 둘신, 자일리톨, 글리시리진 등 합성감미료가 있고 종류가 많다.

천연감미료

감차 = 수국잎= 필로둘신(Phyllodulcin)

꽃 모양이 아름다운 '수국' 꽃 잎으로부터 추출하는 '필로둘신'과 '이소필로둘신'이라는 성분이 설탕의 400~800배 정도되는 단 맛을 낸다. 수국의 잎에 들어있다. 생 잎에는 맛이 없고 수국의 잎을 건조하고 덖는 과정에서 효소로 분해 되면서 단 맛을 내는데 독성이 없고 청량한 박하향이 난다. 수국을 가지고 차를 우러내 마시기도 하는데 이슬차, 감로차라고도 한다. 일교차가 큰 고산 지대에서 자라는데 국내는 대관령 발왕산 자락에 대규모 재배지가 있다.

젖당(유당)

젖당은 유당(乳糖), 유청이라고도 하고 영어로는 락토스(Lactose)라고 한다. 포유류의 젖에 많이 들어있다. 젖이 유산균과 만나면 젖산이 되는데 대표적인 게 '요쿠르트'다. 젖당은 우유의 약 2~8%에 들어있다. 주로 의약품 원료에 사용되는데 잘 녹지않는 특성이 있어서 음식에는 사용되지 않는다(유아용 분유에는 꼭 사용된다.).

술과 관련된 특징은 '효모'가 분해하지 못해서 흑맥주의 감미에 사용되고 이 맥주가 크림 스타우트 맥주다.

인공감미료 또는 천연물 가공 감미료

설탕

설탕은 사탕수수나 사탕무에서 '수크로스(Sucrose)' 또는 '자당(蔗糖)', '설탕(雪糖)'을 추출해서 정제한 것으로 이 과정을 원료당에서 정제당으로 가공하기 때문에 설탕을 인공감미료라고 한다.

이성화당

전분을 액화, 당화시킨 포도당액을 이성화질 효소로 처리한 액상당으로 깔끔한 감미맛을 가지며 설탕에 비해 단맛이 빨리 느껴지고 낮은 온도에서 단 맛이 증가하고 액상 상태라 사용하기 편리한 장점이 있다. 15~20도 상온에서 쉽게 녹으나 열에 약하고 색이 갈변하고 탄 냄새와 쓴 맛이 생긴다. 박카스의 단 맛에도 사용된다.

소비톨

소보스, 소바나이트라고도 한다. 천연으로 존재하는 것을 D-소비톨(또는 D-글루시톨)이라고 한다. 무설탕캔디나 우리가 잘아는 과자 맛동산, 아이스크림, 떠먹는 요거트 등에도 들어간다. 백색 분말 형태로 냄새가 없고 감미도가 설탕의 50% 정도로 상쾌한 감미가 있어서 청량감을 느끼게 하고 특히, 물과 에탄올에 잘 녹는다. 단점으로는 체내에서 소화가 되지 않는 성질과 흡습(물을 흡수)하는 성질이 있어서 과용하면 설사를 한다. 1kg에 약 5천원 정도에 판매된다.

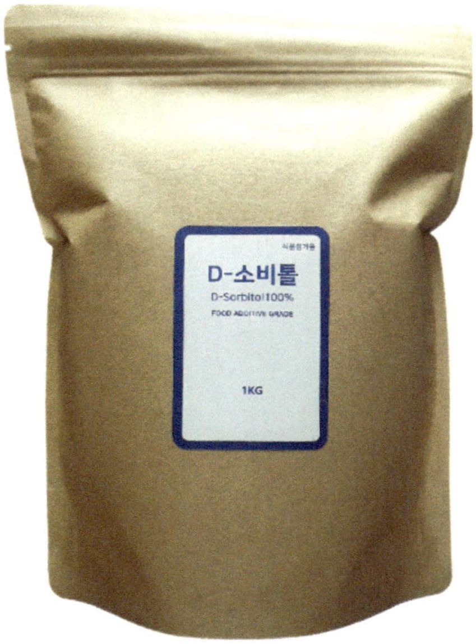

수크랄로스

설탕으로부터 제조되며 설탕에 비해 600배의 단 맛을 가지고 있고 무열량 감미료다. 완전한 백색에서 약 회색 정도의 결정성 가루로 냄새가 없고 고감미 감미료로 물과 에탄올, 메탄올에 잘 녹는데 저온의 물에서 아주 쉽게 녹는다. 단 맛의 발현이 빠르고 단 맛의 지속 시간은 설탕과 유사하다. 약 13만원 정도에 판매된다.

아스파탐

현재 우리나라에서 가장 많이 사용되는 아미노산 계열 인공 감미료로 사카린이나 스테이보사이드와 달리 쓴 맛이 없고 깔끔하다. 특히, 과일 향과 결합 시에는 과일 향을 증폭시켜주며 커피같은 경우에는 쓴 맛을 와인같은 경우에는 떫은 맛을 감소시켜준다. 아스파탐은 설탕의 200배에 달하는 단 맛을 낸다. 미국식품의약품 FDA의 승인을 받았다. 열을 가하면 단 맛이 없어지기 때문에 저온 냉동 보관 음료에 사용된다. 제로콜라와 같이 무설탕이면서 단 맛을 내는 음료에 사용되며 1kg에 약 5만원 정도에 판매된다. 막걸리에 약 1% 정도로 가장 많이 사용되는 인공감미료이다.

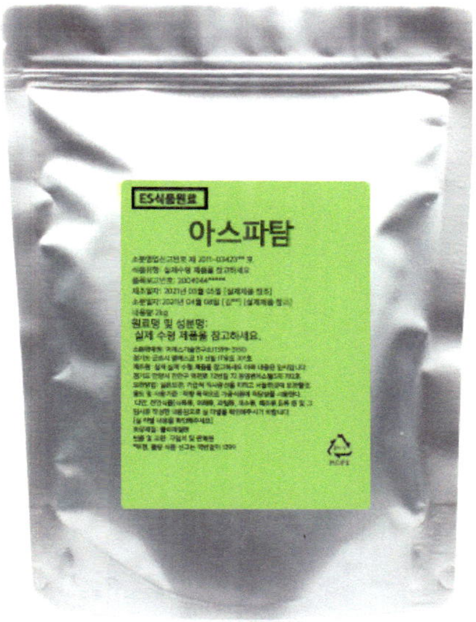

숙취와는 무관

숙취는 간에서 에탄올이 분해되면서 나오는 **효소**에 의해 아세트알데히드가 생성되면서 발생한다. 아스파탐과는 관계없다.

아세설팜칼륨

설탕의 약 200배 감미도를 가지고 있으며 백색의 결정성 분말이고 무취에 강한 단 맛을 가지고 있다. 물에는 잘녹으나 알코올에 잘 녹지는 않는다. 온도가 높을수록 용해도가 올라가는데 100도 정도에서 투입량의 절반만 용해가 된다. 저온에서도 감미도가 높으며 농도가 높으면 좋지 않은 맛이 난다. 다른 감미료와 같이 사용하면 감미도가 더 높아진다. 박테리아나 효소에 의해 분해되지 않으므로 소스,간장,된장에도 사용된다. 1kg에 약 3~4만원 정도에 판매된다.

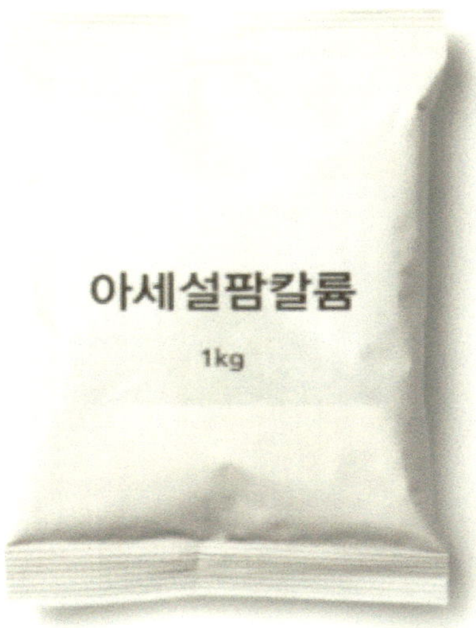

시클라메이트 - 사용주의

무열량 감미료이로 단 맛은 설탕의 30배로 다른 첨가물에 비해 감미도가 낮으며 고온에서도 안정적으로 다른 첨가물보다는 장점이 많다. 국내에서도 한 때 시클라메이트라는 이름으로 사용되기도 했으나 방광 종양 관련 발암 물질이자 염색체 이상을 일으키는 물질로 확인되어 음식 첨가물로는 사용하지 않는다. EU에서는 연구결과 기준량이 잘못되었다고 금지가 풀렸지만 지금도 여전히 사용하지 않는다.

글리시리진 - 사용주의

설탕보다 30~50배 높은 감미도를 가지고 있으며, 감초 뿌리에 있는 단 맛을 내는 물질 '사포닌'의 일종으로 오래 전부터 한약재 성분이나 유화재(기름을 섞는 용도)로 사용되었다. 인체에서 혈액 내 칼륨 이온 농도를 감소시키는 효과가 있어 신경계에 영향을 줄 수 있다는 연구와 혈압 증가, 심장 박동에 영향을 준다는 보고도 있다.

자일리톨

혈당에 영향을 미치지 않는 장점이 있어서 당뇨 환자들에게 포도당 대용으로 사용되며 충치의 원인이 되는 산을 만들지 않는 천연 소재의 감미료로 핀란드에서 발견했다. 당도는 설탕과 비슷하고 원료는 자작나무에서 추출한 자일란, 헤미셀룰로즈 등이다. 현재는 껌이나 사탕류에 많이 사용되며 분말 파우더 형태로 1kg에 15,000원 정도에 판매되고 있다.

둘신 - 사용금지

설탕보다 약 250배 높은 감미도를 가지고 있으며, 무색 또는 백색의 결정성 분말로 사카린 제조 시 부산물로 생성되는 물질이며 과거에는 인공감미료로 사용되었으나 간 종양에 관여되는 연구 결과로 최근에는 사용이 금지 되었다.

스테비오사이드

감미도가 설탕의 300배로 이름 때문에 오해를 받지만 스테비오사이드는 엄연히 남미지역의 스테비아(Stevia)라는 식물에서 추출한 천연감미료다. 남미의 원주민들이 사용해왔던 식물인데 일본에서1970년대에 스테비아 잎에서 순수한 스테비오사이드 물질만을 추출하는 방법을 개발하였다. 1kg에 약 5만원에 판매되고 있다.

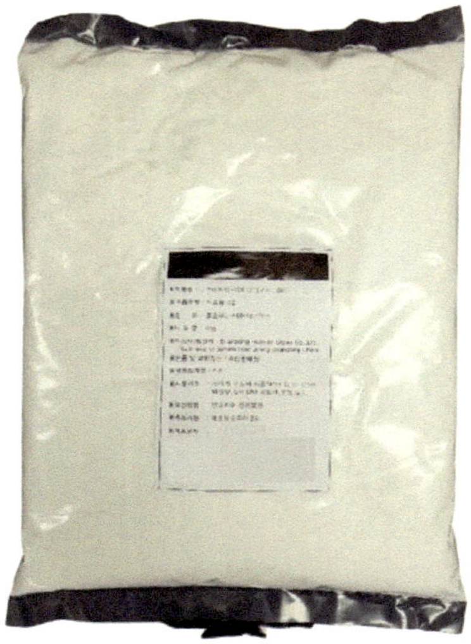

산도조절제

산도조절제(酸度調節劑; acidity regulator)는 식품의 산도를 적절한 범위로 조절하는 식품첨가물로 보존효과(식품의 색, 산화방지 효과)를 높이기 위해 사용하는 물질이다.

주로 많이 사용되는 것이 젖산칼륨(potassium lactate), 제1,2,3 인산칼슘, 호박산, 사과산, L-아스코브산나트륨, (무수)탄산칼륨, 탄산칼슘, 탄산나트륨, 피로인산나트륨등이 있다.

피로인산나트륨(sodium pyrophosphate,SAPP)

무백색의 결정 또는 백색의 결정으로 산도조절제, 팽창제의 용도로 유제품, 청량음료, 아이스크림, 커피, 통조림에 사용된다. 식품의 탄력 증강, 산화방지, 점도증가 목적으로 다량 섭취 시 메스꺼움, 구토, 설사의 부작용이 있다.

시중 일부 막걸리 성분

구분	원재료
A사 생막걸리	쌀 80%, 소맥분 9%, 전분당 11%, 알콜6%, 아스파탐 0.011%
B사 생막걸리	백미100%, 알콜 8%, 첨가믈 없음
C사 생막걸리	백미 100%, 감초, 알콜 6%, 아스파탐 0.009%
D사 살균막걸리	백미 100%, 감초, 알콜 7%, 츤가물 없음
E사 살균막걸리	백미 90%, 말토올리고당 10%, 알콜 6%, 아스파탐 0.011%
F사 살균막걸리	백미 60%, 소맥분 20%, 알콜 6%, 아스파탐 0.012%
G사 살균막걸리	백미 60%, 소맥분 20%, 전분 10%, 좁쌀 10%,알콜 6.5%, 아스파탐

시판 막걸리는 거의 대부분 아스파탐이 첨가물로 포함되어있고, 그 비율은 대략 0.009~0.012% 정도로 750ml 기준 0.0675~0.09ml(대략 1ml 정도)이 들어있고 알코올 함량은 6~8% 정도로 확인된다.

현재 막걸리는 주로 750~990ml 용량의 페트병 제품과 약 350ml 크기의 캔막걸리 제품이 시중에서 유통되고 있다. 막걸리의 유통기한은 제조일로부터 10일 동안 냉장보관이 가능하다고 알려져 있으나 실제 유통기한은 제조사가 정하여 표기하며 막걸리는 장시간 보관해도 상한다기 보다는 식초로 발효되므로 섭취보다는 물에 희석해서 비료로 주거나 식초로 발효시켜서 사용하기도 한다.

희석식 소주의 첨가물 괴담

희석식 소주는 주정에 물을 섞은 것이기 때문에 향도 맛도 없는 상태다. 그래서 소주의 단 맛을 내기 위해 첨가물을 사용해야만 우리가 평소 마시는 소주의 맛이 난다.
초기 때는 소주 감미제로 사카린을 주로 사용했는데 1987년 이후로는 아스파탐을 사용한다. 확인 된 바는 없지만 막걸리 특유의 누르스름한 누룩 빛을 희고 밝게하기 위해 합성 염료로 표백을 한다는 말도 있으나 필자가 아는 한 이건 사실이 아니다. 먹는 것으로 장난을 치는 시대는 이미 지났다고 생각한다. 소주 괴담 중에 효모 부산물 제거를 위한 이산화황, 병입 후 발효를 방지용(부패방지보존제) 소르빈산칼륨, 단백질 제거용 나트륨 알지네이트, 부드러운 술 맛용 알긴산, 색감을 위한 색소가 포함된다는 설도 있으나 사실이 아니다

소주는 99% 이상의 순수 주정(에탄올)을 물과 희석하여 만든다. 합성 알코올로는 만들지 않는다. 한국에선 약 10여개 업체가 주정을 만드는데 타피오카, 정부미, 현미, 세미, 고구마 등을 발효시켜 고농도 알코올을 추출한다.

사용 원료는 가격은 저렴하고 수율이 높은 '타피오카'를 선호하나, 정부미, 감자 등 전분이 포함된 원료를 사용하기도 한다. 어떤 원료를 쓰던 간에 전분은 포도당으로 만들어졌기 때문에 발효 과정에서 전분은 포도당으로 분해되고 포도당은 다시 알코올로 분해된다.

주정은 거의 순수한 알코올만 증류하므로 원료가 가지고 있는 향은 사라지기 때문에 주정을 만들 때 최종 제품이 어떤 전분으로 만들었는가에 차이는 없다.

주세법 시행령[별표 1]

우리나라 주세법 시행령[별표 1]의 2항 주류 종류별로 첨가 할 수 있는 재료를 보면 아래와 같이 표기되어 있으며, 가장 중요한 내용은 모두 다 '식품위생법'상 허용 되는 항목이어야 한다는 점이다.

주세법상 첨가 가능한 재료

당분,산분,조미료,향료,색소,식물,아스파탐,스테비올배당체,효소처리스테비아,사카린나트륨,젖산,주석산,구연산 아미노산류,수크랄로스,토마틴,아세설팜칼륨,에리스리톨,자일리톨,산탄검,글리세린 지방산에스테르,당분,알룰로오스,우유,분유,우크림,아스코르빈산 등

첨가 재료의 종류

당분 : 설탕(백설탕 · 갈색설탕 · 흑설탕 및 시럽을 포함)
포도당(액상포도당 · 정제포도당 · 함수결정포도당 및 무수결정포도당을 포함)
과당(액상과당 및 결정과당을 포함)
엿류(물엿 · 맥아엿 및 덩어리엿을 포함)
당시럽류(당밀시럽 및 단풍당시럽을 포함한다)
올리고당류
유당 또는 꿀

산분 : 「식품위생법」에 따라 허용되는 식품첨가물로서 그 주된 용도가 산도조절제로 사용되는 것

조미료: 아미노산류 · 글리세린 · 덱스트린 · 홉 · 무기염류 · 탄닌산 · 오크칩

미생물 생육곡선

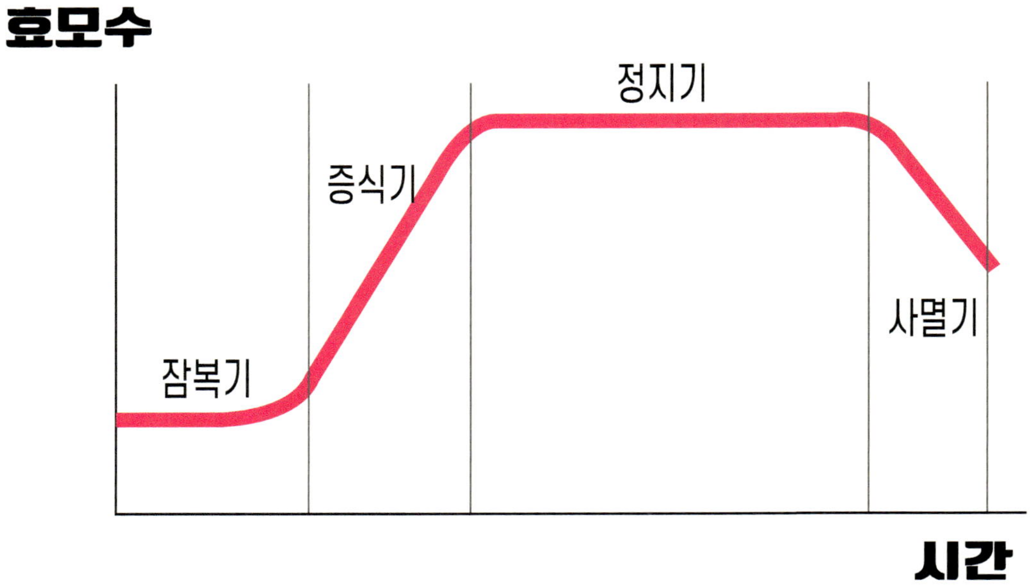

잠복기- 유도기라고도 하며 2~8시간

잠복기는 효모가 몸집을 키우는 시간으로 술에서는 약간의 변화가 일어나게 된다. 술을 빚고 25도에서 24시간 후 발효조를 열어 확인한다.

눈에 보이는 변화

- 당화 과정이 진행되기 시작해서 술 표면이 묽게 보임.

코로 느끼는 냄새

- 곡물 냄새와 누룩 냄새만 난다.

귀로 느끼는 소리

- 발효가 일어나지 않아 소리는 들리지 않는다.

입으로 느끼는 맛

- 당화과정이 진행되어 단 맛이 강해지기 시작한다.

증식기 - 덧술을 준비하는 시간(보통 48시간 ± 6시간)

증식기는 효모가 숫자를 늘리는 시간으로 술에서는 변화가 본격적으로 일어나게 된다. 단 맛이 감소하고 신 맛이 강해진다. 끓는 소리를 들을 수 있다.

눈에 보이는 변화

- 이산화탄소 생성으로 표면에 거품이 생긴다.

코로 느끼는 냄새

- 이산화탄소 생성으로, 코를 자극하는 냄새가 난다.

귀로 느끼는 소리

- 이산화탄소 생성으로, 탄산 소리가 나기 시작한다.

입으로 느끼는 맛

- 단 맛이 줄어들고 쓴 맛, 떫은 맛이 강해진다.

잠복기(유도기)에 일어나는 일

잠복기 상태에 효모는 부족한 물질을 보충하며 새로운 환경에 적응하게 된다. 이 시간은 다양하며 있을 수도 없을 수도 있다.

잠복기에는 잡균을 막아주는 젖산균도 없고, 알코올도 없는 상태이기 때문에 쉽게 '오염' 될 수 있다. 잠복기의 시간을 최소화 시키기 위해서 '밑술'을 만들어 효모가 최대한 빠르게 증식기를 가질 수 있도록 하는 것이다. 이 조건들은 25도를 기준으로 한 것인데 만약, 온도가 25도보다 낮아서 술의 발효가 느려진다면 술 맛은 더 좋아지고 반대로 온도가 높으면 발효가 빨라진다.

정지기

효모의 생육 성장 조건이 증식과 사멸이 비슷한 시점으로 만약, 밀 누룩을 사용하면 술 표면에 밀겨가 떠오르는데 최대한 빠른 시간에 덧술을 해야 한다. 이 시기를 맞추지 못하면 그 영향으로 덧술을 해도 신맛이 강해진다.

눈에 보이는 변화

- 거품이 줄어들고 표면에 밀겨가 보인다.

코로 느끼는 냄새

- 자극적인 냄새가 줄어들고 신 향이 강해진다.

귀로 느끼는 소리

- 효모 활성이 떨어져(영양부족) CO_2가 줄어든다.

입으로 느끼는 맛

- 단 맛은 거의 없고 신 맛은 강해진다.
- 시간이 지날수록 식초 맛이 강해진다.

사멸기

먹을만한 정도의 신 맛이 아닌 먹기 힘든 정도의 신 맛이 강하다면 가능한 덧 술을 하지 않는 것이 좋다. 다만 술을 버리지 않고 살리고자 할 때 이양주는 삼양주의 형태로 술을 빚으면 실패한 밑 술을 살릴 수 있다.

눈에 보이는 변화

- 거품이 거의 없고 술 표면에 오염 현상이 보인다.

코로 느끼는 냄새

- 자극적인 냄새가 줄어들고 점차 식초 향이 강해진다.

귀로 느끼는 소리

- 소리는 거의 들리지 않고 조용하다.

입으로 느끼는 맛

- 자극적인 식초 맛이 난다.
- 오염되었으므로 섭취하지 않는 것이 좋다.

미생물의 세대번식

효모가 1마리-2마리-4마리-8마리...로 번식되는데 1마리가 2마리가 될 때, 2마리가 4마리가 될 때를 '1세대'라고 한다. '1세대'를 지나는 시간은 '2시간'이다. 효모의 세대는 최대 24세대만 가능하다. 그래서, 효모의 최대 개체수가 정점이 되는 시간은 24세대×2시간= 48시간이 효모들의 최대 증식기 정점이 된다. 아래 그래프처럼 잠복기 시간을 초록색처럼 최대한 짧게 해주기 위해서 덧술을 만들어 세대번식을 최대한 빠른 시간으로 만들어 오염을 막는다.

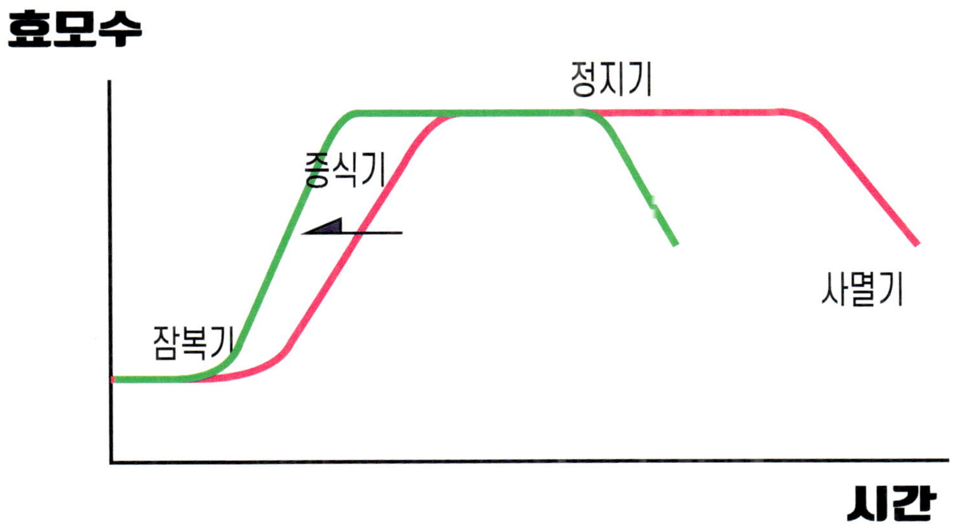

Original Korean Soft Wine

밑술

"밑술은 효모가 증식기의 최고 정점에
있을 때를 만들기 위해 만든다."

밑술 - 발효기간 2~4일

밑술은 술의 발효를 빠르게 해서 알코올 도수를 높이고 효모를 증식, 배양 시키는데 그 목적이 있다.

술을 한 번만 빚으면 단양주, 두 번 빚으면 이양주, 세 번 빚으면 삼양주라고 부르는데 처음 담근 술을 밑술이라고 하고 나중에 밑술을 베이스(Base)로 담근 술을 더한다고 해서 덧술이라고 한다. 밑술을 만드는 방법은 5가지가 있는데 각 각의 방법에 따라 술의 맛과 향, 알코올 도수가 달라진다. 또한 밑술 재료 처리 방법에 따라 효모균의 증식이 달라진다.

밑술 가공 방법 ★★★★★

밑술 가공 방법 = 효모 증식 방법

죽 가공, 쌀 1: (물 5 = 묽은죽, 물 4 = 된죽) :누룩 1의 비율

묽은 죽 가공 방법으로 가장 빠른 당화속도를 가진다. 적은 누룩으로도 배양이 가능하고, 속성주(빠르게 만드는 술) 제조가 가능하다. 온도가 높은 여름에 술이 상하지 않게 만들기 위해 사용하면 좋다. 물론, 겨울에도 빠른 당화속도를 위해 사용한다. 다만 효모의 생성은 빠른 반면에 증식이 적다.

범벅 가공, 쌀 1: (물 3 = 묽은범벅, 물 2 = 된범벅) :누룩 1의 비율

평균적인 당화 속도를 가진다. 죽보다는 발효시간이 길고 만들기 쉽다. 봄, 여름, 가을, 겨울 사계절 모두 적용이 가능하다. 효모 증식에 효과가 좋다.

백설기 가공, 쌀 1: 물 1.5 :누룩 1의 비율

평균 이하의 당화속도를 가진다. 그러나 혼합이 쉽지 않다. 밑술보다는 덧술 제조 시 사용한다. 단, 절대 차게 식히면 안된다. 백설기 가공은 자주 사용하는 방법은 아니다.

떡 가공, 쌀 1: 물 1 :누룩 1의 비율

효모배양보다는 당화를 시키고자 하는 경우에 사용한다. 물이 적게 들어가므로 효소가 분해하는 전분이 물과 희석 되지 않고 쌀이 많아 단 맛이 강한 술이 만들어진다. 당화를 우선 시 하는 밑술 만들기에 사용된다.

고두밥 가공, 비율없음

고두밥은 면포에 백세침미된 쌀을 담아 찜기에 넣고 증기만으로 찌는 방식이라 쌀과 물의 비율이 필요치 않다. 다만 찹쌀의 경우 증기가 나기 시작한 시점에 고두밥을 얹고 40분간 찐 후에 20분간 뜸을 들이고, 멥쌀의 경우 증기가 나기 시작한 시점에 고두밥을 얹고 70분간 찌는데 50분쯤 찐 후에 뚜껑을 열어서 멥쌀에 찬물을 한 번 고루 뿌려주고 다시 남은 20분 간 찌는 중간 가수 작업이 필요하고 뜸은 30분을 한다.

고두밥 방식은 당화가 느리고 어렵고, 잠복기가 길어져서 밑술보다는 단양주나 약주에 사용하는 방식으로 누룩량이 많이 든다.

고두밥 찜기

술을 빚기 위해 고두밥을 쪄야 한다면 술의 양에 따라 다르지만 상당한 양의 고두밥을 한꺼번에 쪄야 한다. 이 작업을 하기 위해서는 일반 가정에서 사용하는 찜솥으로는 어렵고 '무시깡' 또는 '업소용 찜솥'이라고 부르는 찜기를 이용해야 하는데 '가스식'과 '전기식'이 있다. 가스식은 3단(1단에는 물, 2~3단에는 고두밥)에 보통 13-15만원 정도하지만 전기식 2단에 20만원 정도한다(전기식을 사용하면 보통 가정에 들어오는 최대 전력량이 부족해서 전원차단기가 끊어지는 경우가 있다. 나는 가스식 사용을 추천드린다.).

전기식 찜기	가스스 찜기
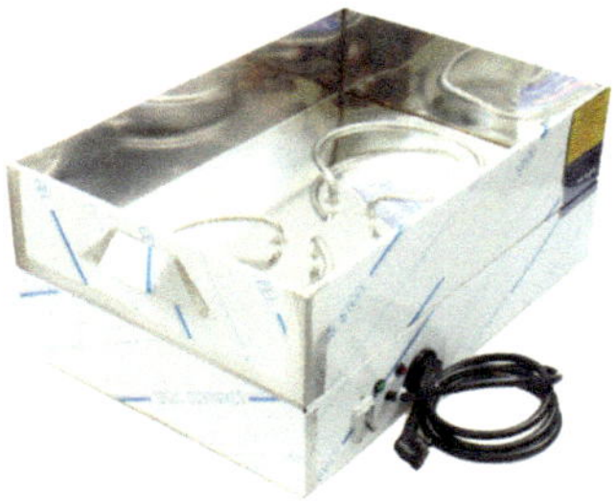	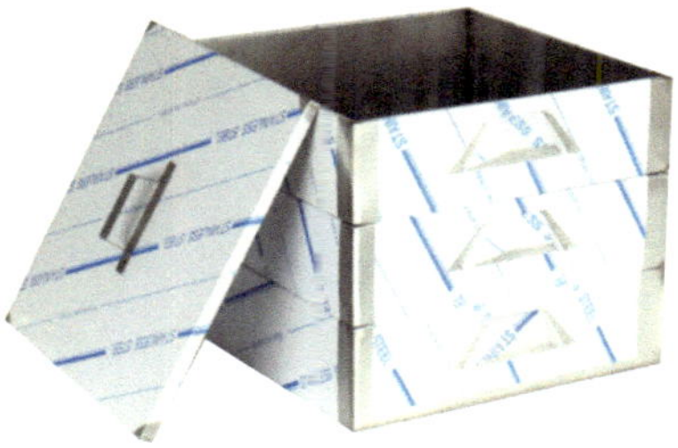

밑술 노하우

밑술 발효조는 끓어 넘칠 수 있으므로 70% 정도만 채울 수 있는 크기를 선택해야 하고, 밑술은 1일 1~2회 저어줘야 효모증식이 빠르게 진행된다. 밑술에서는 '단 맛'이 나면 안되그 신 맛, 쓴 맛, 떫은 맛이 나야한다. 또한, 밑술이 부글부글 끓을 때 덧 술을 하면 안되고, 끓음이 가라앉을 때가 덧 술을 할 시점이다

밑술의 관리

밑술 상태와 원인

거품이 발생하고 있는 상태

정상적인 발효가 진행 중인 상태

곰팡이가 발생된 상태

정상적인 발효보다 발효 속도가 늦어지고 있는 상태로 빨리 저어줘서 당화 속도를 높여야 한다.

묽어진 상태

당화가 잘 진행된 상태

굳어서 떡처럼 된 상태

저온으로 발효가 늦어지므로 온도를 높이고 저어줌.

밑술

밑술의 가공 방법과 덧술 시기

쌀	물	누룩	대표술	덧술시기	가공방법
1	1	1	삼해주	12~36일	떡, 된 범벅
1	2	1			약간 된 범벅
1	3	1	호산춘	3~7일	묽은 범벅
1	4	1			된 죽
1	5	1	석탄주	1~2일	묽은 죽

술 맛 결정하는 노하우

1. 쌀과 물의 비율
2. 술을 거르는 날짜의 조정

쌀과 물의 양(비율)에 따라 가공 방법과 덧술 시기가 달라진다. 술을 거르는 날짜는 **20일**을 기준으로 길어질수록 술 맛이 드라이해지고, 알코올 도수도 올라간다.

삼해주

12지간 가운데 맨 끝에 오는 돼지날(해일:亥日)에 처음 술을 빚기 시작하여 12일 간격 또는 36일 간격으로 돌아오는 다음 해일에 덧술을 하고 다시 돌아오는 해일에 세번째 덧술을 하여 최소 36일에서 96일이 걸리는 정성과 노력이 많이 들어가는 장기 발효주

Original Korean Soft Wine

삼해주는 한 겨울인 음력 정월에 술을 빚기 시작해서 봄이 되면 술이 익게 되는데 "버들개지가 날릴 때 쯤 마신다"고 해서 '유서주(버들 유 柳,솜 서絮, 술 주酒)'로도 불린다. '앉은뱅이 술'이라고도 불리는데 알코올 도수가 낮고 부담없이 마시다가 은근히 취기가 오르는데 일어서다가 다시 앉고 만다고해서 붙은 이름이다. 서울지방 민속주로 지정된 술이다.

호산춘

평양의 벽향주, 서울의 삼해주, 충청도의 청명주, 전주의 이강고, 전라도의 죽력고, 진도의 홍주, 김제의 송순주, 대전의 노산춘, 전라도 여산의 호산춘이 대표적인 지방의 특산주들로 이양주이며, 끓는 물로 쌀가루를 반죽하여 밑술을 빚는다.

석탄주

"...맛이 달고 매와 입에 머금었지 차마 삼키기 아깝다..." [양주방]에 나온 '석탄향' 주방문의 일부 글귀로 차마 삼키기 아까울 정도로 맛있는 술이다. 사과나 포도를 넣지 않았음에도 과실 향기가 나고 꿀청과 같은 단 맛과 감칠 맛이 있는 술이다. 아낄 석惜, 삼킬 탄呑, 술 주酒 그대로 차마 삼키기 아까운 술이라는 뜻이다. 밑술로 멥쌀 죽을 만들어 7일간 발효 시키고 덧술로 찹쌀 고두밥을 만들어 밑술과 섞어 7일간 발효시켜 만든다. 완성까지 2주일(14일)이 걸리는 술이다.

Original Korean Soft Wine

덧술

"밑술이 효모 증식이 목적이라면
덧술은 안정된 발효가 목적이다."

덧술-덧 대는 술

밑술을 만들고 한 번 더 더하는 술이라고 해서 덧술이라고 하며, 이양주 이상의 술을 제조 할 때 필요한 방식이다.

밑술의 목적이 효모를 증식하고, 소량의 알코올을 생성하고, 물의 양을 조절하는 게 목적이라면 덧술은 안정된 발효를 만들고 술에 가치를 부여해서 알코올 도수가 높은 술을 만들면서 술의 맛과 향, 색을 입히는 과정으로 중국의 가장 오래된 농서 '제민요술'에 보면 많게는 여덟 번까지 구양주를 만든 내용이 나온다.

덧술 가공 방법

덧술 노하우

덧술은 '알코올 도수를 높여 안정된 발효가 목적'이기 때문에 죽이나 범벅같이 수분율이 높은 방식은 사용하지 않는다. 예를 들어 밑술에서 쌀 1: 물 3의 비율로 범벅을 만들었다고 하면 그 밑술로 덧슬을 할 때 쌀과 물의 양을 같거나 비슷하게 해야 하는데 쌀 5: 물 5가 나오게 하고자 해서 쌀 4:물 2를 하면 비율로 만들 수가 없고 또한 알코올 도수가 낮아 잡균에 의해 산패 되기가 쉽다. 그래서 밑술에서 쌀 1: 물 3의 비율로 범벅을 만들었다고 하면 덧술에서는 쌀 4: 물 0의 비율로 고두밥을 하면 고두밥이 물 1의 비율토 수분을 가져가기 때문에 비율 계산하기 간편해진다.

"덧술은 물 양의 쉬운 계산을 위해
죽, 범벅은 사용하지 않고 떡, 백설기,
고두밥 방식을 사용한다."

덧 술 시기 판단 방법

시각판단: 거품이 활발하게 발생하다가 줄어든다.
누룩이나 술지게미가 술 표면에 보인다.

후각판단: 이산화탄소에 의한 자극적 냄서가 줄어든다.

청각판단: 끓는 소리가 점차 줄어든다.

미각판단: 단맛은 거의 없고 시고 쓰고 떫은 맛이 강하다.

이 시기를 놓치면 효모 감소로 덧술 해도 신맛이 강하다.

Original Korean Soft Wine

단양주

"밑술, 덧술을 하지 않고 한 번만 빚는 술"

계절별 술 빚기

4계절을 다 가진 우리나라는 술의 입장에서 보면 술의 보관과 온도 관리, 산패나 감패 관리에서 불편한 점이 많지만 계절 별로 다양한 술 부재료와 여러 방식으로 다양한 술이 만들어지게 된 술에 있어 축복받은 나라다.

봄: 이양주
여름: 단양주 - 1주일 내에 빨리 술을 빚어내야 할 경우
가을: 이양주
겨울: 삼양주

단양주 가공 방법

단양주 노하우

쌀

당화가 잘되는 찹쌀을 사용해서 잠복기를 줄인다.

누룩

이양주, 삼양주에서 누룩양인 10%보다 높은 30%로 누룩양을 늘려 당화와 알코올 발효가 빨리 일어나게 한다.

발효온도

보통의 실온인 25도보다 높은 30도 전,후의 온도로 온도를 높여 빠른 당화를 시킨다.

수곡

마른 누룩이 아닌 '씨앗술' 또는 '수곡'이라고 하는 물 누룩을 사용한다. 미생물 효모를 미리 깨워 넣어 잠복기를 최대한 줄이고자 하는 이유이다. 와인도 같다.

잦은 혼합

저어주는 작업을 자주 함으로써 혼합 과정을 늘려 초반 당화가 잘 될 수 있도록 한다.

생주의 혼합

살균된 탁주가 아닌 비살균 탁주나 비살균 청주를 넣어 그 술의 효모, 효소, 젖산균 등이 배양되어 발효를 도울 수 있도록 한다.

증류소주의 혼합

다른 술의 알코올을 넣음으로써 술을 빨리 안정화시키고 알코올 도수를 높인다.

Original Korean Soft Wine

수곡

"수곡 또는 수국이라고 하며,
물누룩이라고도 한다."

수국 제조 노하우

탕수방법

오염 방지를 위해 반드시 끓였다 식힌 물에 마른 누룩을 담궈둔다.

침국시간

여름에는 5시간 그 외의 계절에는 7시간 동안 물에 담궈 놓은 후 사용한다. 이 때, 물 위에 뜨는 이물질은 꼭 제거한 후 사용한다.

누룩물만 사용

누룩 찌꺼기를 걸러내고 순수하게 누룩물만 사용한다.

누룩:물 비율

누룩 1kg 기준 물 2~3L의 비율로 수곡을 만든다.
누룩 500g이라면 물 1~2L의 비율이고
누룩 250g이라면 물 0.5~1L의 비율이다.
경우에 따라서는 물을 5배까지 사용하기도 한다. 단, 그렇게 만든 수곡은 바로 사용해야 되고 장시간 보관하면 누룩의 효소가 활동 할 수 있는 영양분이 없어서 장시간 생존하지 못하거나 물의 오염으로 상하기 쉽다.

누룩 사용량과 온도

단양주: 누룩양 30% 이내, 온도 25~30도
이양주,삼양주 : 누룩양 10% 이내, 온도 20~25도

물의 양에 따른 단양주 제조 방법

만약,
쌀 1kg : 물 0.5L : 누룩 300g ▶ '고두밥'으르 7~10일후 거름
쌀 1kg : 물 1.0L : 누룩 300g ▶ '고두밥'으로 5~7일후 거름
쌀 1kg : 물 1.5L : 누룩 300g ▶ '고두밥'으로 2~3일후 거름

발효온도

보통의 실온인 25도보다 높은 30도 전,후의 온도로 온도를 높여 빠른 당화를 시킨다.

THE FLOWER RAIN

Original Korean Soft Wine

밀가루

"전통 발효주에 밀가루를 넣는 이유는
잡균 증식을 막고 술을 맑게 하기 위함이다."

밀가루 사용 이유

잡균억제

밀가루 젖산균이 젖산,초산을 생성해서 잡균을 억제.

청정작용

밀가루의 글루텐이 침탄제(응고) 역할을 해서 미세한 부유물을 가라앉히는 역할을 한다.

청량제역할

밀가루가 들어가면 술이 더 맑아지기 때문에 청량감을 줄 수 있다. [출처: 1800. 술만드는법]

밀가루 투입양

계절에 따른 누룩양 대비 밀가루 투입량

계절	누룩(kg)	밀가루양	밀가루 비율
봄,가을	1	500g	50(%)
여름	1	1kg	100(%)
겨울	1	300g	30(%)

누룩은 쌀 양의 10%, 밀가루는 쌀 양의 30%(겨울)

현대는 계절에 관계없이 누룩양의 30%를 기준으로 밀가루를 투입한다. 여름에는 신 맛이 강해질 수 있기 때문에 밀가루를 넣지 않는 경우도 있다. 술을 만들 때 사용하는 밀가루는 박력분을 사용한다.

밀가루의 종류

경도 기준

전체 밀 알에 대한 초자질립(밀 알 단면에서 초자질부로 되어 있는 형태)의 비율

초자율이 70% 이상의 경우 = 초자밀(경질) 밀
초자율이 70~30%인 경우 = 반초자밀(중간질) 밀
초자율이 30% 미만인 경우 = 분상질(연질)밀

색상 기준

껍질 색상에 따라서 아래와 같이 두 종류로 구별한다.

붉은 밀
(적소맥, Red wheat)

흰 밀
(백소맥, White wheat)

붉은 밀(적소맥)은 황색, 황금색, 적황색, 적갈색 등의 색이 있고, 흰 밀(백소맥)은 약간 황색을 띈다.

파종시기 기준

언제 씨앗을 파종하느냐에 따라 겨울밀(동소맥, Winter wheat)과 봄밀(춘소맥, Spring wheat)로 구분된다. 겨울밀은 가을에 파종하여 추운 겨울을 지나 다음 해 초 여름에 수확하고, 봄밀은 봄에 파종해서 여름을 지나 그 해 가을에 수확한다.

겨울밀은 단백질 함량이 10~12%로 비교적 낮아 연질밀과 섞어 다용도 밀가루를 만드는 경우가 많고, 봄밀은 단백질 함량이 12~14%로 높아 강력분이 되거나 겨울밀과 섞어 다용도 밀가루로 생산한다

[참고] 미국밀의 6가지 품종

▲ 경질 붉은 겨울밀(HRW, Hard Red Winter)

캔자스에서 재배되는 밀의 95%를 차지하며 하드롤, 크로와상, 플랫 브레드 등 다양한 밀 식품에 쓰이며 다목적 밀가루의 용도와 국수제조에 사용 단백질 함량은 10~13%

▲ 경질 붉은 봄밀(HRS, Hard Red Spring)

단백질 함량이 12~15%로 높고 강한 글루텐을 가지고 있어 빵, 롤 크로와상, 베이글, 피자 크러스트 등에 적합하다.

▲ 경질 붉은 흰밀(HW, Hard White)

캔자스에서 재배되는 밀의 3%를 차지, 겨울밀과 봄밀을 둘 다 포함하여 단백질 함량이 10~14%, 최대 장점은 갈색 유발 효소인 폴리페놀산화효소가 낮아서 최종 제품 색이 하얗다.

▲ 연질 붉은 겨울밀(SRW, Soft Red Winter)

미시시피강 기준 동부 쪽에서 주로 재배됨. 단백질 함량이 8.5~10.5%로 낮고 글루텐 강도가 낮아 쿠키, 크래커, 스펀지 케익 등에 사용된다.

▲ 연질 흰밀(SW, Soft White)

태평양 북서부에서 주로 재배되는 부드러운 흰밀로 수분함량이 낮고 단백질 함량은 8.5~10% 사이로 낮은 편이며 글루텐 강도가 낮아 쿠키, 크래커 등에 쓰인다.

▲ 듀럼밀(Durum Wheat)

미국의 모든 밀 중에서 가장 단단한 듀럼 밀은 호박색을 띄며 12~15%의 높은 글루텐 함량을 가지고 있어서 제분을 통해 세몰리나로 만들어 파스파, 쿠스쿠스, 지중해식 빵에 사용된다. [출처]uswheat.org

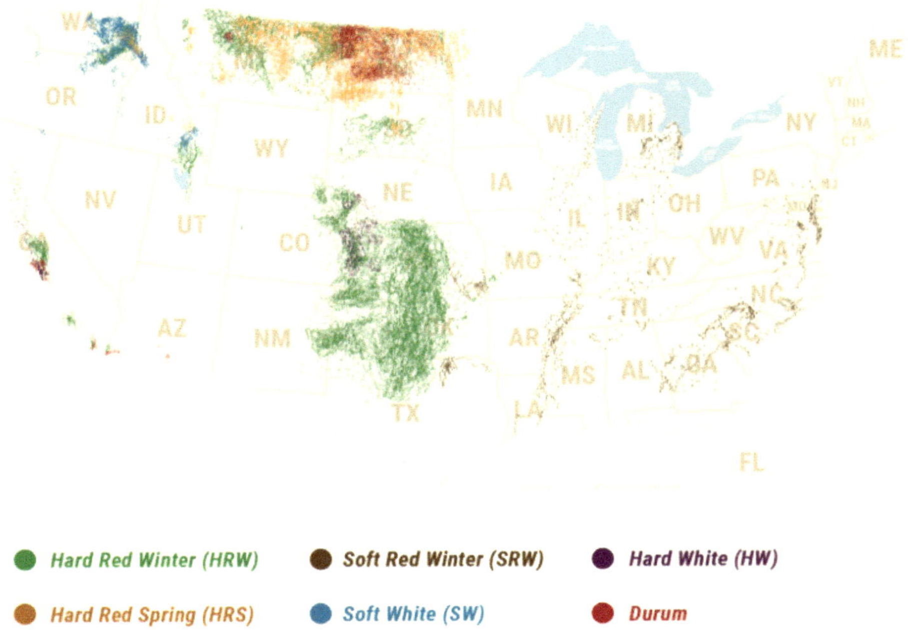

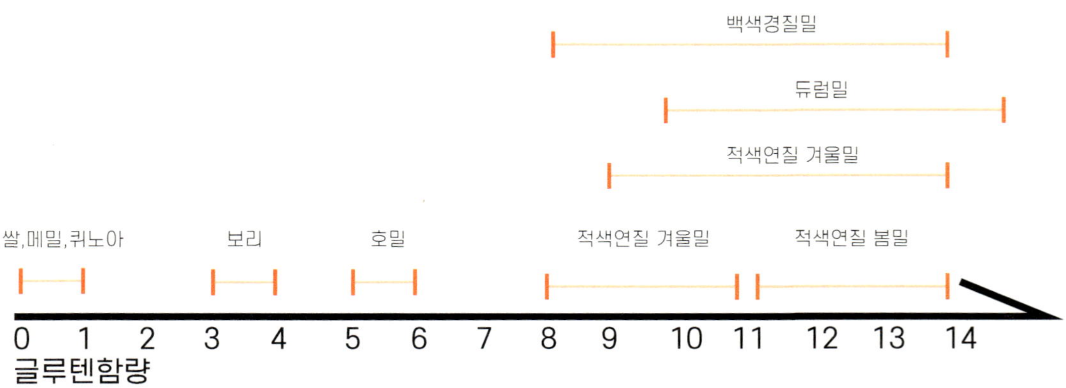

Original Korean Soft Wine

발효의 이상

산패 = 너무 신 것

산패는 초기 산도와 미생물 관리가 부적절하여 발생하는 오염문제로 지나치게 시어서 음용 할 수 없는 상태다.

• 주요원인

▲ 젖산 과다 생성이 가장 큰 원인

▲ 곡물의 호화와 전분의 당화 문제

▲ 누룩 사용량(곰팡이, 효소)의 문제

• 해결방법

▲ 곡물 호화를 잘 시켜야 한다.

▲ 누룩은 올해 만든 것을 쓰고 사용 전 법제를 시킨다.

감패 = 너무 단 것

감패는 당화가 알코올 생성보다 강하여 포도당의 축적으로 삼투압 증가, 효모의 발효력이 감소되어 발효 중지 됨.

• 주요원인

▲ 효모 개체 수가 적을 때

▲ 밑술이 잘못되거나 밑술 온도가 너무 높을 때

• 해결방법

▲ 효모 증식으로 빠른 알코올 생성을 할 것.

▲ 효모 20~25도에서 관리를 할 것.

술에 신 맛이 나는 이유와 예방법

누룩

모든 술의 근원은 누룩임.
누룩의 법제를 잘 하지 않거나 오래된 누룩 사용한 경우

밑술

대량 효모 증식이 안된 상태로 덧술을 할 경우
알코올 생성이 늦어지고 젖산균이 과도 증식한 경우

덧술 시기

덧술의 시기를 놓친 경우

온도 관리

높은 온도에서 술을 빚어서는 안됨 = 신맛이 나게 됨
높은 온도는 젖산균, 초산균 증식이 많아짐

발효 관리

술독, 발효조의 소독과 관리에 신경을 많이 써야 함.
마지막 덧술 후에는 젓는 횟수를 줄여야 한다.
눈으로 봤을 때 문제가 생겼다고 판단되면 저어라.

여과

술을 거를 때 실수해서 신맛이 강해지는 경우도 있다.
술을 거를 때 청결을 유지하고, 철저하게 살균된 도수를 사용하는데 주의해야 한다.

신 맛은 한국인이 유럽인들에 비해 더 강하게 느낀다.
커피는 고급 커피를 분류하는 기준에서 신 맛이 하나의 기준이 된다. 과일맛에 가깝고 단 맛과 신 맛을 같이 가진 커피가 고평가를 받는다.

술의 갈변 예방법

산소

발효 과정에서 최대한 산소를 접하지 않도록 해야한다. 과실주의 경우에는 'SO_2(이산화황)'을 첨가한다. 이산화황은 식품첨가제 중 하나로 보통 와인에 많이 사용되며 가공과정에서 잡균의 번식을 방지하고 맛을 보존하고 항산화 역할을 한다. 이산화황은 고대 로마시대부터 와인이 식초가 되는 것을 방지하는 목적으로 사용되었다.

레드 와인의 경우에는 '탄닌(tannin)' 성분이 천연보존제의 역할을 하기 때문에 상대적으로 화이트 와인이나 스파클링보다 이산화황 사용량이 적다.

와인에서 SO_2 이산화황 사용량

내추럴와인 : 30~40mg/L
유기농와인 : 100~150mg/L
컨벤셔널와인 : 150~200mg/L
비오디나미와인 : 70~90mg/L

빛

술은 빛을 받으면 갈변이 되거나 변색이 된다. 그래서 많은 술 병들이 투명한 병보다는 와인병처럼 녹색, 갈색병을 사용한다. 술은 맑고 깨끗할 수록 값어치가 높으며 갈변되면 보기 싫고 값어치가 떨어진다.

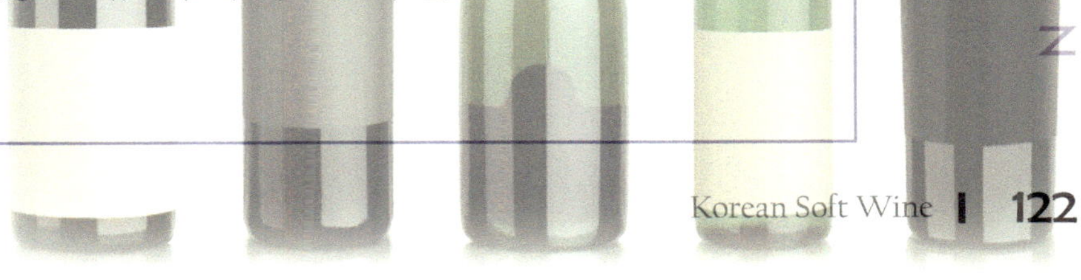

물

망간, 철분이 포함된 물이 갈변을 일으키고 술의 품질을 떨어지게 한다.

단백질

단백질 분해 효소는 '프로티아제(protease)'이고, 전분 의 대표적인 분해효소로는 '아밀라제'가 있는데 누룩이나 입국은 들어있는 프로티아제가 거의 없어서 쌀에 단백질이 많다면 분해되지 못하고 부패되면서 변색의 원인이 된다.

원료미(술의 원료가 되는 쌀)의 선정기준

1. 알이 충실하고, 천립중(완숙한 종자 1,000립의 중량 = 낟 알 1천개의 무게로 보통 23g 정도임)이 26g일 것.
2. 골이 깊지 않고, 심백이 많을 것.
3. 쌀 알에 갈라진 틈이 적을 것.
4. 단백질 함량이 적은 품종일 것(단백질함량 6.5% 이하).
5. 수분 14% 정도의 연질미(촉촉함)일 것(경질미는 찰기)

일본의 먹는 쌀 품종

일본은 고시히까리를 주 품종으로 우리나라에서도 고품질의 쌀로 인정받는데 여기서 하나 더 나아가 저-아밀로스 품종으로 하나부사(hanabusa), 스노우펄(snow pearl), 소프트158, 야와라고마찌 등도 있다.

참고로 수확기 벼의 수분 함량은 보통 22~25%인데 판매 전에 수분함량이 15% 정도가 되도록 말리는 공정을 거쳐야 한다. 14% 이하가 되면 저장성은 좋은 반면에 밥 맛이 떨어지고 17% 이상이 되면 부드럽고 맛있어지나 쉽게 상하고 변질되기 쉽다.

카라멜화 반응(caramelization)

당의 산화반응으로 견과향기와 갈변현상을 생성하는 현상으로 마이야르 반응(maillard reaction)과 더불어 효소반응이 아니라 열반응에 의해 발생하는 화학적 변화다.

카라멜화 반응은 마이야르 반응과 다르게 아미노화합물이 없는 상황에서 당류의 가열에 의한 산화와 분해된 부산물이 중합되고 축합되면서 흑갈색의 카라멜을 형성하는 반응으로 pH 2.3~3.0일 때 가장 일어나기 어렵고 유기산 또는 유기산 염이 존재할 때 쉽게 반응한다.

원료 쌀의 외층에 있는 단백질, 지방질, 회분 등 녹말 이외의 성분이 누룩곰팡이와 효모의 성장을 촉진시켜 숙의 착색 등에 영향을 주므로 도정 정도에 따라 감소하여 색도의 변화에 영향을 준다. 그래서, 일본 청주의 경우 도정도를 높인 쌀을 사용하여 원료 자체에 있는 단백질 함량을 줄여 술에서 아미노산 함량을 줄이므로써 술의 품질을 높이고자 하는 것이다.

술 끓어 넘침 현상

옛문헌

"술이 쉽게 넘치니 큰 독에 담아라."
"항아리 주둥이에 시루를 올려 놓아라."

발생원인

효모들이 먹이활동이 왕성한 상황에서 다시 많은 양의 먹이를 넣어주면서 술덧의 부피가 갑자기 커지는 경우에 발생하게 된다.

밑술을 죽으로 하고 덧술을 죽으로 하면 안생기나 밑술을 죽으로하고 덧술을 범벅으로 하는 경우나 밑술을 범벅으로 하고 덧술도 범벅으로 하는 경우에는 생긴다.

방지방법

큰 발효조를 사용

사전에 충분히 넘칠 것을 대비해서 마지막 덧술에 사용하는 용기는 30% 정도의 여유 공간을 남겨둔 발효조를 사용한다. 예를 들어 마지막 덧술에서 총 용량이 10L가 나왔다면 여유있게 큰 15L 통을 사용한다.

발효조 나눠담기

큰 용기나 발효조가 없다면 용기를 두, 세개로 나누어서 끓어 올랐다가 내려가면 다시 한 용기에 담는 방법이 있다.

항아리 위에 시루얹기

발효 항아리 위에 떡 시루를 올려놓으면 넘쳤다가 다시 들어간다.

술 표면 곰팡이 문제

원인

밑술 발효가 늦음

↓

CO_2 생성이 늦음

↓

발효조 공간이 있음

↓

발효조 공간에 잡균이 있음

↓

잡균들에 의해 술표면이 오염

↓

술표면에 곰팡이생성

↓

젖산균의 과도증식

↓

효모증식까지 억제

해결방법

밑술 발효가 늦어서 CO_2 생성이 늦는 것이 원인이므로 CO_2 생성을 촉진시키기 위해서 미생물 효모 증식 환경을 만들어줌으로써 이 문제를 해결 할 수 있다. 미생물 효모 증식 환경을 만들어주기 위해서는 밑술을 1일 1~2회 저어주거나 발효조의 온도를 25도로 맞추는 것이 맞는 해결 방법이다.

Original Korean Soft Wine

발효, 예과 그리고 숙성

"발효는 시간에 대한 정확한 판단이다."

"술은 그 집에 사는 귀신이 만든다"

술의 완성 여부 판단 방법

▲ 맛을 보고 판단하는 방법
▲ 쌀이 뜬 모습을 보고 판단하는 방법
▲ 삭은 쌀 알갱이를 만져서 판단하는 방법
▲ 알코올 도수로 판단하는 방법
▲ 불을 이용하는 방법

술 맛을 길들이는 방법

▲ 술 완성 후 1~3개월 발효, 숙성
▲ 1주일 간격 술의 맛과 향을 확인하며 거름시기 조절
▲ 술은 완성 후 저온에서 1개월(30일) 더 발효하면 향과 맛이 더 깊어진다.
▲ 실온 상태로 술 맛 길들이기를 오래하면 좋지 않다.
▲ 술 맛 길들이기가 끝나면 술을 거른 후 저온 여과 숙성을 해서 청주를 얻어서 저장한다.

술 맛

막 익었을 때는 신선한 느낌이 있지만 향과 맛은 덜한 반면에 술이 잘 익게되면 열대 과일향이나 바나나, 코코넛이나 잘 익은 복숭아 향과 깊은 맛이 난다.

술의 여과

술 거르기를 여과라고 한다. 여과를 해야 좀 더 맑고 목 넘김이 좋은 술을 만들 수가 있다. 여과하는 방법은 여러 방법이 있다. 가장 보편적으로 하는 방법은 1차 거름망에다가 거르는 방법이 있고 술을 거르고 나면 '술 지게미' 남는다. 지게미로는 모주를 만든다. 전주 모주가 유명하다.

'용수' 여과 방식

용수를 다 된 술덧에 꽂아 용수 안에 청주를 채주하는데 가장 맛이 좋은 술은 용수를 박아 자연적으로 걸러진 청주다. 다만 용수가 대나무로 만들어져서 2번 정도 삶아서 말리지 않고서 술덧에 꽂아 놓으면 대나무 향이 술에 들어가기도 하고 나무라서 공간들이 많아 늘 습기를 품고 있어서 특히나 여름에는 오염원이 될 확률이 높아서 사용에 주의해야 한다.

저온침전 여과 방식

압력을 가해서 저온에 넣어 침전시키고 맑게 뜬 술을 걸러내는 방식으로 맛이 좋다. 술에 규조토, 활성탄을 풀어 부유물을 걸러내고 필터 프레스로 압력을 가해서 거르는 방식인데 이렇게 거른 술은 0~4도 정도의 냉장고에 보관해서 오래 두면 그 안에 남아있던 단백질이나 기타 물질들이 침전되서 더 맑은 술이 남게 된다.

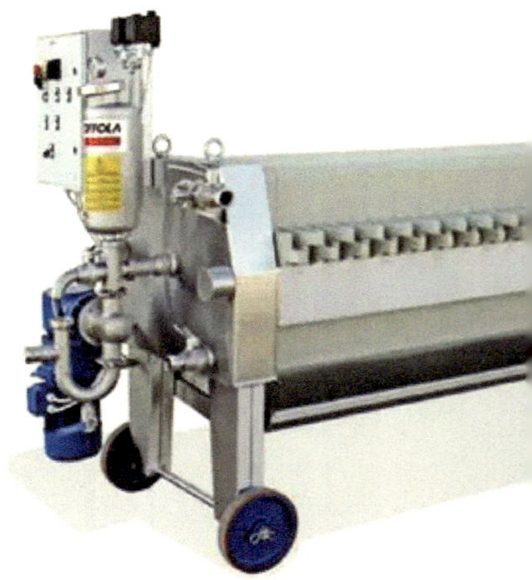

필터 프레스 여과 방식

필터 프레스 여과 방식은 여러 장의 여과포나 여과지를 사용해서 모터에서 펌프로 술을 빨아 들이면서 여러 장의 필터들을 거치고 최종적으로 규조토로 만든 필터를 거쳐 여과되는 방식으로 뿌옇게 보이던 술도 맑은 색의 술로 여과가 되는데 상업용으로 사용하며 많은 양도 빠른 시간에 여과가 가능하다.

감압 여과 방식

진공 여과 장치라고도 하며 원 술을 위에 놓고 아래에 필터를 넣은 후 받는 통에 진공 압력을 걸어줌으로써 강제적으로 원 술을 압력을 이용해 필터를 거쳐 아래로 거르는 방식으로 적은 양을 여과할 때 규조토와 여과지, 감압펌프를 이용해서 여과하는 방식으로 완전 탁한 술보다는 1차로 걸러진 술을 보다 맑게 거를 때 사용하면 좋다.

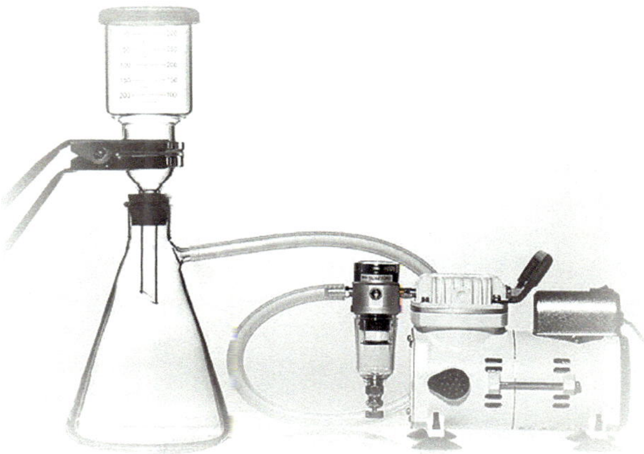

전통주의 가수

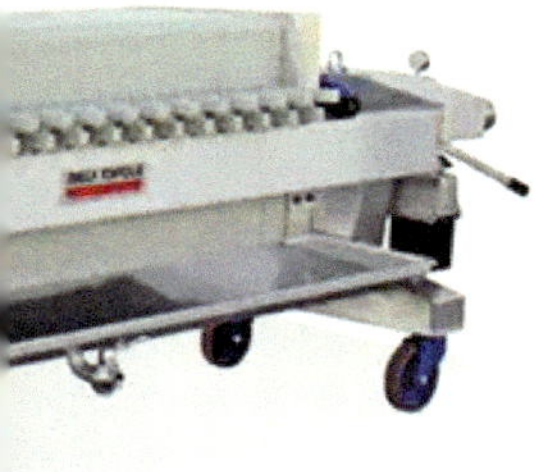

가수(加水)는 '원주(源酒)에 물을 첨가하는 행위'로 알코올 도수가 약한 단양주에서는 사용하지 않으며 이양주 이상의 술을 제조 시에 사용하는 방식으로 약 20%의 술을 더 얻을 수 있다. 예를 들어 5L의 이양주에 20%의 물을 첨가한다면 1L를 가수해서 총 6L가 된다. 대부분의 술의 도수는 13~15%인데 물을 첨가해서 알코올 도수는 마시기에 알맞게 만들기 위해 가수를 하는데 맛을 높이기 위해 레몬향이 나는 탄산수로 가수를 하거나 순수하게 탄산만 들어있는 탄산수로 가수를 하기도 한다.

술과 탄산

탄산이 들어간 술은 상큼함과 맛을 더 좋게한다. 시중에 판매 중인 막걸리는 발효 후 살균을 하고 인위적으로 탄산가스를 주입해서 만든 방식이다. 술은 만들어지면서 알코올과 탄산을 만들기 때문에 옛 방식으로는 술을 거르면서 약간의 잔당(남은 당)을 남겨서 실온에서 자연 발효를 시켜 탄산을 만드는 방법이 가장 바람직스러우나 1L당 설탕 4~15g 정도를 넣어서 단 맛과 탄산을 만드는 방법이 있고, 시중에서 판매되는 탄산수를 첨가하는 방법이 있다. 조금 더 전문적으로 만들고자 한다면 2차 발효시 포도당 첨가량을 조절해 발포성의 세기(청량감)를 조절하는 방법이 있다.

술의 숙성

술의 숙성 기간은 술의 가치가 된다. OOOO 17년, OOOO 30년처럼 숙성의 시간이 곧 술의 가치가 된다. 특히, 우리나라 전통주는 물론이고 일본의 사케는 술의 맛과 향, 색도 물론이지만 쌀을 얼마나 도정했는지 덧술을 얼마나 많이 했는지가 술의 가치가 된다.

발효주의 숙성 조건

▲ 숙성온도: 가장 중요한 인자
청주 0~4도, 과실주 14도

▲ 온도편차: ±1도 이내

▲ 숙성습도: 60~70%

▲ 숙성도수: 17~19도

우리 술의 숙성

술의 숙성은 발효된 술을 적절한 용기에 넣어 장기간 보관을 통해 맛과 향을 풍부하고 깊게 하는 예술과 같은 과정이다. 우리 술도 숙성이 필요하긴 하지만 비용, 시간이 많이 드는 무척 어려운 작업이다.

증류식 소주나 위스키, 코냑, 브랜디 등은 알코올 도수가 높기 때문에 숙성과정에서 변질될 가능성은 없다. 통상적인 숙성 과정에서 알코올 도수는 떨어지고 술의 양도 조금씩 줄어든다(이렇게 날아가는 알코올을 천사의 몫, angel's share 이라고 한다.). 숙성 과정에는 보관비, 관리비 등 많은 추가 비용이 발생한다. 숙성 과정에서 들어가는 비용 이상의 판매가격이 아니라면 만든 곳은 손해를 본다. 전통주는 알코올 도수가 증류식에 비해 낮기 때문에 비살균하는 숙성 과정에서는 부패한다. 전통주의 숙성은 변수가 많은데다 숙성과정에서 부패할 가능성까지 있다. 앞으로 더 많은 연구가 필요하다.

오크통 숙성

오크통을 만드는 나무는 300년 이상 사는 참나무를 말한다. 학명은 '퀘르쿠스(Quercus)'라고 하는데 '아름다운 나무'라는 뜻을 가지고 있다. 상수리 나무, 도토리 나무 라고도 한다.

단단해서 목재, 가구 심지어 약에도 쓰일 정도로 쓰임새가 많은 나무다. 오크 나무에도 몇 가지 종류가 있는데 잉글리쉬 오크, 화이트 오크, 레드 오크 등이 있다.

북부 레드 오크는 매우 단단하고 변형이 적어서 철도 침목같은데 쓰이고 화이트 오크는 가구나 건축용 바닥재에 쓰인다. 영국의 잉글리쉬 오크 역시 가구나 건축구조물, 배를 만드는 데 사용된다.

이런 오크 나무로 만든 통이 와인, 위스키, 브랜디를 비롯한 여러 증류주를 숙성시킬 때에 없어서는 안되는 보관통이다. 이탈리아의 대표적인 와인식초인 발사믹 식초나 타바스코 소스도 반드시 오크통 숙성을 거친다.

우리나라에서도 오크통을 구입 할 수는 있으나 가격대가 비싼 편이고 구입한다고 해도 그 부피가 커서 일반적인 아파트 생활을 하는 집에서는 관리가 힘들기때문에 고민을 해서 구입하는 것을 추천한다.

술을 오크통에 보관하는 이유는 위스키나 브랜디가 가지고 있는 매혹적인 루비 빛깔이 바로 오크통 숙성 과정에서 나오는 것이기 때문이다. 증류를 막 마친 술은 무색 투명하다. 오크통 숙성을 거치지 않은 증류주(보드카, 진)는 색깔이 없는데 이런 상태의 술을 프랑스어로 '생명의 물'이라는 뜻을 가진 '오드비(Eau-de-vie)'라고 한다. 이 상태 그대로 파는 제품도 있는데 와인을 양조하고 남은 지게미를 짜내서 증류한 '그라파'라는 오드비 제품도 있다.

위스키나 브랜디가 가진 고유 색깔은 오크통 숙성 과정에서 나무색이 배어나오면서 아름답게 액을 물들이는 것이다. 숙성 과정에서 맛과 향도 많이 변하게 된다. 숙성을 거치면서 오크통의 나무 성분의 일부가 원액과 함께 어울려지면서 우리가 아는 싱글 몰트 위스키의 풍부한 향미를 만든다.

오크통을 만들 때는 안쪽 나무를 강한불로 그을려서 잡균을 없애고 불맛 향을 입혀준다. 그을림의 정도와 시간이 목재 성분의 변화까지도 숙성 품질에 차이를 낸다. 술은 나무에 스며들기도 하고만 바깥으로 증발하기도 하는데 술의 양이 해마다 2% 정도씩 줄어든다. 나무에 스며들어서 손실되는 술을 '데블스 컷'이라고 한다.

Original Korean Soft Wine

약주

"한국인이 가장 사랑하는 술, 약주"

약주의 정의

술을 높여 부르는 말로 '제가 약주 한 잔 따라 올리겠습니다.'라는 형식으로 불리기도 하고 쌀과 물, 누룩으로만 빚은 약으로서 먹는 술의 의미와 여기에 약이 되는 여러 민간 재료를 우려서 넣은 술이라는 의미 이렇게 여러 가지의 의미로 약주라는 말이 쓰인다.

약주 제조 시 주의점

- ▲ 약재의 양을 얼마나 넣을 것인가?
- ▲ 약재의 사전 처리방법은 어떻게 할 것인가?
- ▲ 약재의 투입시기는 언제 할 것인가?
- ▲ 자신의 몸에 맞는 약재를 사용(전문가의 조언 필요)

술에 약재 투입량

맛과 향을 넣고자 할 때

전체 쌀 양의 <u>0.1~1%</u> 사용

맛과 향보다는 약성 효력을 높이고자 할 때

전체 쌀 양의 <u>1~10%</u> 사용

★ 술에 약재의 맛과 향이 너무 강하면 거부감이 든다.

약재 투입 방법

탕약법(달이는 방법)

▲ 주로 뿌리나 줄기 종류 약재에 사용하는 방법

▲ 물에 넣어서 약불로 오래 달여 생긴 액을 이용함.

▲ 약불로 달이는 시간은 보통 40분~1시간 정도임.

▲ 센 불에 달이면 약 기운이 약해짐

▲ 처음 물의 양 대비 70~80%되게 달인다.

증자법(찌는 방법)

▲ 약재를 잘게 잘라 고두밥과 함께 쪄서 사용함.

▲ 단호박주, 고구마주를 만들 때 사용함.

▲ 오래 보관하여 사용하는 약재는 쪄서 말려 사용함.

▲ 약재 뿌리나 입자가 큰 것은 찌거나 다려 사용함.

직접 투입법

▲ 향기가 있는 것은 생, 건조 된 것을 직접 넣어줌.

▲ 약재를 곱게 가루 낸 것들은 직접 넣어줌.

▲ 복분자, 딸기, 오디 등은 직접 넣어줌.

화양 입주법

▲ 술이 완성 후 꽃이나 유자, 천혜향 껍질 등을 망에 묶어 술 위에 매달아 둔다.

침지법

▲ 말린 꽃 등을 사용하는 방식으로 향과 맛에 직접 영향을 준다. 예로 아카시아 꽃은 바로 넣으면 냄새가 난다.

★ 약재를 직접 투입 할 때는 법제를 마친 것을 사용한다.

★ 국화, 연잎 등은 발효조 바닥에 깔아주거나 덮는 방식, 오가피 등은 망을 이용한다.

약재 투입 시기

구분	밑술	덧술	중기 (발효중)	말기	여과 후	병입 전
기능	○	○				
맛		○		○		
색				○	○	
향					○	○

★ 중기는 발효 중 기간으로 이 때는 어떤 투입도 하지 않는다.

★ 병입 전은 병에 담기 전으로 병입 후에는 어떤 조치도 안한다.

★ 기능성 약재는 인삼, 산삼, 당귀, 석창포, 구기자 등이 있다.

★ 맛을 내는 약재는 주로 과실주로 오디나 산딸기는 중간에 넣어도 맛이 나는 반면, 사과, 배, 복숭아는 맛이 나지 않는다.

★ 색을 내는 약재는 울금, 지초, 비트, 백년초 치자, 자색고구마, 서리태 껍질 깐 분말 등이 있는데 술이 완성되기 전~여과하기 2~3일 정도 재료를 넣고 추가 발효를 거친 후 여과를 하는 것이 좋다.

★ 향을 내는 약재는 허브식물이나 송 순 등으로 발효를 하면 향이 모두 날아가므로 발효 후~여과 전에 넣는 것이 좋다.

★ 달인 즙이나 과즙, 엑기스, 청, 체리액과 같은 류를 술과 섞을 때하는 가수는 술이 완성 후에 하는 것이 실패율이 적다. 가수는 술의 알코올 도수가 너무 높을 때 취하는 방식으로 당도 유지를 위해 전체 술양의 25%가 넘지는 않도록 한다.

약재 채취 방법

약재 캐는 시기

▲ 음력 2월

이른 봄에는 뿌리에 있는 약물이 오르려고는 하나 아직 가지와 잎으로는 미치지 않고 뿌리에 그대로 남아 있기 때문이다. 봄에는 가능한 일찍 약재를 캐는 것이 좋다. 예) 송순, 솔잎

▲ 음력 8월

가을에는 가지와 잎이 마르고 약물 성분이 모두 아래로 내려오기 때문이다. 가을에는 가능한 늦게 약재를 캐는 것이 좋다. 예) 송근, 국화

★ 반드시 이 시기에 국한되어 채취하지 않아도 된다.

약재 말리는 시기

▲ 폭건(햇볕에 말림)

강한 햇볕에 말리는 것으로 풀이나 나무의 뿌리, 싹은 햇볕에 쪼여 말린다. 음력 9월 이전에 캔 것은 모두 햇볕에 말려서 사용한다.

▲ 음건(그늘에 말림)

그늘에 말리는 것으로 풀이나 나무의 뿌리, 싹은 그늘에서 말리면 썩고 냄새가 나서 좋지 않다. 음력 10월 이후에 캔 것은 모두 다 그늘에서 말리는 것이 좋다.

▲화건(불에 말림)

불을 이용해 말리는 것으로 쉽게 마르고 약의 품질도 좋다. 음력 8월 이전에 캤으면 불에 말리는 것이 좋다. 봄에 나는 쑥이나 잎은 그늘보다는 햇볕이나 불로 빨리 말려주는 것이 좋다. 음력 10월 이후는 건조하고 추워지기 때문에 햇별보다 그늘에서 말리는 것이 좋다. 도심에서는 미세먼지, 오염물 등이 많기 때문에 되도록 실내 볕이 드는 곳에 말리고 부득이 야외에서 말려야 할 경우에는 비닐을 덮어 말리는 것이 좋다.

▲ 산림소유자의 동의 없이 산나물·산약초를 채취하는 행위 ▲ 조경수 불법 굴취 ▲ 특별산림보호대상종 불법채취 ▲ 인터넷 동호회 불법 채취를 포함 산나물·산약초 등 임산물을 산림 소유자 동의 없이 불법으로 채취하는 경우 5년 이하 징역 5,000만 원 이하의 벌금에 처해진다.

Original Korean Soft Wine

전통약주의 종류

잎을 사용한 약주

송엽주

솔 잎을 넣어 빚은 약용주

『요록』에 나온 제조법에 의하면, 솔잎 여섯 말과 물 여섯 말을 끓여서 두 말이 될 때까지 달여 찌꺼기와 송진을 버린다. 쌀 한달을 깨끗이 씻어 곱게 가루로 만들어 솔잎물로 죽을 쑤어 식힌 다음 좋은 누룩가루 한 되를 섞어 항아리에 담고 21일(삼칠일)이 경과한 다음 쓰라고 하였다. 『양주방』에는 잘게 썬 생솔잎 한 되를 굵은 베보자기에 넣어 독 밑에 넣고 담근다고 되어 있다.또 『역주방문』에는 봄 3개월에는 동쪽으로 뻗은 가지의 솔잎을 채취하고, 여름 3개월에는 남쪽가지의 것을, 가을 3개월 동안은 서쪽 가지의 것을, 겨울 3개월 동안은 북쪽 가지의 것을 채취하라고 하였다. 배에 냉기가 있는 사람이나 풍증이 있는 사람이 공복에 마시면 좋다고 한다.

[출처: 한국민족문화대백과사전(송엽주(松葉酒))]

酒 송엽주 레시피

준비물

[단양주]
솔잎 300g, 물 15L, 멥쌀 2.5kg
[완성 후 술의 양] 총 **10L** (1000ml 10병)

『요록』에 나온 제조법에 의하면, 솔잎 여섯 말과 물 여섯 말을 끓여서 두 말이 될 때까지 달여 찌꺼기와 송진을 버린다. 쌀 한 말을 깨끗이 씻어 곱게 가루로 만들어 솔잎 물로 죽을 쑤어 식힌 다음 좋은 누룩가루 한 되를 섞어 항아리에 담고 21일(삼칠일)이 경과한 다음 쓰라고 하였다.

[출처: 한국민족문화대백과사전(송엽주(松葉酒))]

이 방법으로 송엽주를 만드는 방법을 진행하도록 한다.

01. 재료 준비하기

솔잎 여섯 말과 물 여섯 말을 끓이라고 했으므로 솔잎 108L(18L×6), 물 108L(18L×6)를 준비해서 두 말(36L)가 될 때까지 달여야 하는데 그 양이 너무 크므로 비율을 조정해서 최종적으로 5L의 달인 물이 나오도록 계산을 한다.

물의 비율이 6:2 이므로 약분해서 3:1이 된다. 따라서, 뒷 자리의 1이 5L이므로 앞 자리의 3은 5L×3 = 15L가 된다. 물은 15L, 솔 잎은 15L 무게 단위로 준비하면 너무 많으므로 맛과 향을 내는 경우에는 최대 1%, 기능성으로 사용하는경우는 최대 10%만 사용하면 되므로 추천하는 용량은 기본적으로 솔잎 판매 용량 기준 300g(실제 받아보면 상당히 많은 양이다.)을 사용하면 적당하다.

02. 솔잎물 끓이기

물 15L를 담고 솔잎 300g을 담아서 물이 5L가 될 때까지 약불로 졸인다. 졸이면 처음엔 물에 고르게 떠있던 솔잎이 색이 갈색으로 변하면서 아래쪽으로 가라앉고 물 색이 검은 빛으로 바뀐다. 이 상태로 물이 졸아들 때까지 끓이는데 대략 4시간 이상이 걸리고 다 끓이고나면 물 빛은 까만색이 된다. 물 끓인 통 바닥에 고인 송진과 가루들은 버린다.

03. 멥쌀 침지와 물빼기

내린 물 2말에 쌀 1말의 비율이므로 물 5L의 절반인 2.5kg을 쌀 내린 물이 탁하지 않을 정도로 씻은 후 7시간의 침지와 1시간의 물 빼기를 한 후 가루로 만들어 고운 채에 거른 후 솔잎 끓인 물이 살짝 식었을 온도인 70~80도에서 치댄다. 쌀과 물의 비율이 1:2이므로 된 범벅 수준이 배합이 된다.

04. 누룩배합과 발효

솔잎 내린 물과 쌀가루를 치댄 후 온도가 충분히 식으면 누룩을 쌀의 10%인 250g을 섞어서 다시 주물러 섞어주고 발효조에 넣고 이틀 후 전체적으로 한 번 저어주고 10일 후 한 번 저어준 후 21일째에 거른다.

선령비주

삼지구엽초(음양곽)을 빚어만든 약용주

《식의심경》에 이르기를 선령비는 일명 음양곽이라 하는 것 1근을 술 1말에 3일 간 담가서 때에 따라 마신다. 성년 남자에게 이롭고 양기를 흥하게 하고 허리와 무릎의 냉기를 치료해준다. 오늘날 송경 '고려의 옛 서울인 개성' 사람들이 5월 5일에 잎을 채취하여 삶아 즙을 취해 고두밥과 누룩을 섞어 버무려 보통 술 빚는 방법으로 술을 빚는다. 크게 보하고 이롭다고 한다.

음양곽이 주된 약재이고 다른 약재는 보조적으로 이용된다. 음양곽은 선령비(仙靈脾)라고도 하며 삼지구엽초 잎을 말린 것으로 노인성 치매, 하반신 무력, 권태에 효과가 크다. 음양곽의 최음 작용은 정액의 분비가 왕성해지는 작용 때문에 생긴다.

육종용은 오리나무 뿌리에서 자라는 기생식물이다. 일설에 의하면, 교미하던 말에서 정액이 떨어진 그 자리에서만 자란다고 한다. 약효가 어떠한지 짐작이 되고도 남는다. 모양은 거의 남자의 성기로 오인될 정도로 생겼으며, 끈적거림이나 냄새도 신기할 정도로 남성과 흡사하다. 양귀비를 비롯한 역대의 왕후, 궁중의 여인들이 몰래 애용했다고 전해진다.

연엽주

한여름에 피는 연잎을 술에 넣어 빚는 가양주

전통주 중에는 연잎을 주재료로 하는 술이 많다. 연꽃을 비롯하여 연잎, 연자, 연근 등 각 부위를 모두 이용한다.

연엽주 역사는 분명치 않으며 대략 1500년 전부터 빚었다고 한다. 적어도 수 백년 전통을 이어온 술임은 분명하다. 조선 중기 이후 '주방문'에는 연엽주 제조법이 자세하게 수록되어 있다. 이 밖에도 조선 후기 자료인 '산림경제, 증보산림경제, 고사십이집, 규합총서, 임원경제지, 양주방, 조선무쌍신식요리제법' 등에 술 빚는 법이 수록 될 정도로 연엽주는 조선시대 이래 전통주 위치 중 상위 자리를 차지하고 있다. 각 주방문마다 술 빚는 법에 대해선 약간씩 차이가 있다.

연엽주는 자연 친화적이고 한국의 멋과 풍류가 깃들어 있는 전통주로 충청남도 아산 외암마을 예안이씨 종가에 내려오는 연엽주는 임금에게 진상된 궁중 술이며, 귀한 손님을 대접하는 명약주로 알려져 있다.

酒 선령비주 레시피

준비물

[단양주]
찹쌀 1.5kg, 삼지구엽초(음양곽) 100g,
누룩 150g, 물 3L
[완성 후 술의 양] 총 **4.5L** (500ml 9병)

『주찬』과 『임원십육지(보양지)』에 나온 제조법에 의하면, 음양곽(=선령비, 삼지구엽초) 1근의 즙을 채취해서 술 1말(밥과 누룩을 섞은)에 버무려 술을 빚는다고 되어 있다. 삼지구엽초는 5월 5일에 채취한 것으로 사용하라고 되어 있는데 보통 100 g에 2만원 가량 판매된다. 1근은 600g으로 12만원 정도가 든다. 우리는 100g을 기준으로 만들도록 한다.

01. 재료 준비하기

삼지구엽초 100g을 흐르는 물에 깨끗하게 씻어 물기를 제거한다. 물기를 말리면서 잎에 포함된 성분도 같이 날아가므로 키친타올 위에 삼지구엽초를 놓고 다시 키친타올로 눌러서 한 장 한 장 남은 물기를 제거한다.

02. 구엽초 달이기

구엽초 1근 기준 술 1말이므로, 구엽초 100g이면 약 17%만 사용하므로 술도 1말 = 18L의 17%인 3L 정도를 만들어야 한다. 술 3L를 만들기 위해서 쌀 1.5kg와 물 1.5L로 총 3L를 만들 수 있도록 설계를 한다.

구엽초 달인 물 1.5L를 만들기 위해 물 3L에 구엽초 100g을 넣고 3시간 정도 우려서 물이 절반만 남도록 한다. 다려진 구엽초는 건져서 찹쌀 고두밥을 찔 때 넣도록 한다.

03. 찹쌀 고두밥 찌기

살뜨 물이 투명해지게 씻은 찹쌀 1.5kg을 7시간의 불림과 1시간의 물빼기를 거친 후 찜기에 넣는데 이 때 앞서 다리고 남았던 삼지구엽초를 쌀 위에 올린다. 김이 올라오기 시작하면 40분간 약불로 찌고 20분 간 뜸을 들인다.

04. 누룩 버무리기

찹쌀이 충분히 식으면 구엽초 달인 물이 살짝 식은 온도(70~80도 정도)에서 충분히 20분 정도 치댄다. 치대기가 끝나고 온도가 충분히 낮아지면 준비한 누룩 150g을 넣고 잘 섞는다. 잘 섞어진 술을 소독된 깨끗한 발효조에 넣는다.

05. 발효하기

발효조를 25도 정도의 조건에서 약 일주일간 발효를 시키는데 넘치지 않도록 1~2회 정도 저어준다.

酒 연엽주 레시피

준비물

[단양주]
찹쌀 5kg, 연잎 큰것 5장, 누룩 500g, 물 5L
[완성 후 술의 양] 총 **10L** (1000ml 10병)

『산림경제』와 『규곤요람』, 『규합총서』 모두 비슷한 제조법을 설명하고 있다. 산림경제를 기준으로 설명하면 연엽주를 빚는 시기는 9월(서리가 내리기 전)에 쌀 1말마다 누룩가루 7홉, 끓여 식힌 물 2병을 넣는다. 밥과 물은 각기 다른 그릇에서 식힌 뒤에 섞는다. 먼저 독 밑에 연잎을 깔고 그 위에 밥과 누룩을 층층이 사이를 띄워가며 깐다. 날 물은 절대로 금한다. 날이 더우면 시어지기도 하니 반드시 서리가 내리기 전 연 잎이 아직 마르지 않았을 때 빚는다. 그래야 향기와 맛이 좋고 비록 봄과 여름이 지나도 변하지 않는다. 술을 다 쓴 뒤 좋은 술을 대신 넣어도 향과 맛이 변함없다. 고 기술되어 있다.

01. 재료 준비하기

총 술의 양이 10L 가 되도록 설계를 한다면 쌀 5kg, 물 5L, 누룩 500g을 준비하고 연 잎은 5장을 준비한다. 산림경제에 나온 것처럼 물은 5L를 미리 끓여서 별도로 식히고, 쌀은 멥쌀보다는 찹쌀로 쌀 뜬 물이 안나올 때까지 씻은 후 7시간 불리고 1시간 물을 뺀 후 찜기에 넣어 고두밥을 만들어 놓는다. 고두밥은 찜기에서 김이 나는 시점으로부터 40분 찌고 20분 뜸을 들인 후에 충분히 식힌다. 연 잎은 찢어지거나 변색되지 않은 깨끗한 것으로 흐르는 물에 씻어서 준비한다.

02. 술 빚기

고두밥과 물이 충분히 식었다면 준비된 누룩 500g을 섞어서 20분 정도 치댄다. 치대기가 끝나면 발효조의 맨 아래에 연 잎을 깔고 그 위에 술 밥을 깔고 다시 연 잎을 깔고 그 위에 다시 술 밥을 얹는 식으로 층층이 쌓는데 너무 눌러서 사이를 막지않고 공기가 순환 될 수 있을 만큼 공간을 만들어 준다.

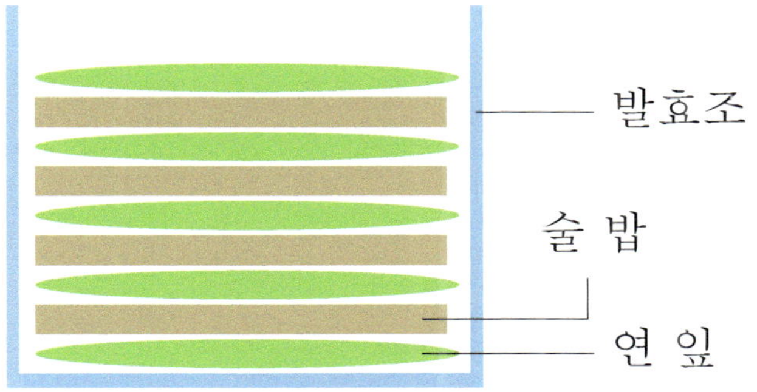

03. 술 발효 시키기

발효되기 좋은 25도의 조건을 맞춰주고 쌀이 발효되서 밥이 가라앉고 맑은 청주가 위로 떠오를 때까지 기다리다 연엽주의 깊고 청량한 맛과 향기를 즐긴다.

애주(쑥주, 애엽주)

쑥 잎 우려낸 물을 재료와 섞고 발효시킨 술. 이양주 방식으로 만들고 주재료가 쑥으로 애주(艾酒),애엽주(艾葉酒)라고도 한다. 옛날 〈수운잡방 1540.〉과 〈요록 1680.〉에도 '애주'가 등장하고, 〈임원십육지〉에는 '인진주(茵蔯酒)' 라고 하여 인진쑥을 누렇게 볶은 후에 차조와 누룩을 섞어 상법대로 빚는 법을 소개하고 있고, 민간에서도 쑥술 빚는 법이 전승되어 오고 있어, 일반화 되었던 술이다.

애주의 재료는 쑥잎 한 말, 백미 한 말, 누룩가루 두 되이다. 먼저 5월 초 4일에 쑥잎 한 말을 채집하여 자리에 펴서 널어 놓았다가 밤에 이슬을 맞게 하고 다음날 정화수를 길어다 쑥 잎을 넣고 끓여 쑥의 떡잎을 제거한다. 백미 한 말을 깨끗이 씻어 물에 담가 하룻밤 지낸 후 고두밥을 지어 쑥잎 끓인 물과 섞어 고루 젓고 식힌다. 누룩가루 두 되를 잘 섞어 항아리에 담아 익힌 후 사용한다고 하였다. [출처] 네이버 지식백과 애주 [艾酒] (한국의 전통명주)

창포주

창포뿌리 즙이나, 가는 창포잎을 잔에 띄운 술. 여인들이 그네를 뛰고 창포를 깎아 비녀로 꽂아 단오를 즐겼다면 남성들은 창포주를 즐겨 마셨다. 특히 대궐에서는 신하들이 대전과 중궁전에 창포주를 올리고 축수하는 풍속이 있었고, 왕이 친히 창포주를 내리는 선온 풍속이 있었다. 사대부와 시인 묵객들이 단오 명절을 즐기기 위해 모인 현장은 대개 물가와 누정이었다. 삼삼오오 모인 자리에서 가져 온 술동이나 술잔에 창포잎을 머리칼처럼 가늘게 썰어서 띄워 주향(酒香)에 더하고, 그렇게 창포향(菖蒲香)을 감상하는 음주풍속을 단오음(端午飮), 창포음(菖蒲飮) 또는 창포주음(菖蒲酒飮)이라고 했다. 이는 옛사람들이 덥고 습한 여름철에 대비하면서 잡귀를 쫓고자 한 풍속(風俗)의 일종이었다.

창포잎을 손바닥에 놓고 비비면 독특한 향기가 시원함을 느끼게 해 준다. 창포 뿌리에는 약효 효능이 있다. '동의보감'에 "석창포뿌리 즙 다섯 말에 찹쌀 다섯 말을 넣고 삶은 후, 고운 누룩 다섯 근과 고루 섞는다. 술은 일반적인 방법대로 숙성시켜 가라앉힌다. 그 웃물을 오래 복용하면, 신명을 통하게 되고, 오래 살게 된다." [출처] 한국민속대백과사전

酒 창포주 레시피

준비물

[단양주]
찹쌀 5kg, 누룩 500g, 창포 뿌리 500g, 물5L
[완성 후 술의 양] 총 **10L** (1000ml 10병)

동의보감을 비롯해 수많은 고서에 창포주에 대한 내용들이 기록되어있다. 성질은 따뜻하고, 맛은 맵고, 무독하다. 음력 5월5일 단오에 술을 단양주로 빚으며 창포(석창포)를 찧어 즙을 얻어 찹쌀밥과 고운 누룩을 섞어 술을 빚고 항아리를 봉한다. 하루 3번 데워먹으면 백발이 검어지고 빠진 이가 다시 난다. 창포 중 꽃창포는 식용이 불가하고 석창포만 가능하다. 매년 단오에 강릉에서 창포주 빚기 대회가 열린다.

01. 재료 준비하기

총 술의 양이 5L 가 되도록 설계를 한다. 찹쌀 5kg을 쌀 뜬 물이 안나올 때까지 깨끗하게 씻은 후 7시간 불리고 1시간 물을 뺀 후 고두밥을 찐다. 청정한 지역에서 채취한 창포 뿌리를 흐르는 물에 깨끗하게 씻고 그늘에서 물기를 뺀 후 즙을 짜낸다. 사용할 물은 탕수를 위해 끓인 후 식힌다.

02. 재료 섞기

발효조에 식힌 고두밥(쌀 5kg)과 탕수(5L) 그리고 누룩 500g에 창포 뿌리즙을 섞어 20분간 치댄 후 발효조에 넣는데 반드시 공기가 들어가지 않도록 밀봉시킨다.

03. 술 거르기(채주)

봄, 여름에는 1주일간 발효 시킨 후 채주하고 가을, 겨울에는 2주일간 발효 시킨 후 채주한다.

04. 창포주 음용

옛 책자에서는 5홉 들이로 하루 3잔씩 먹으면 기운이 화하고 무병하여진다라고 했다. 소주 잔 1잔 용량은 50ml이므로 5홉이면 소주 5잔씩 하루 3번을 마시라고 한다. 소주 5잔씩 하루 3번이면 총 150ml으로 소주 1병의 용량이 360ml이므로 대략 하루에 소주 반 병 정도씩 마시라고 되어 있다. 참고로 남성은 하루 소주 5잔 이하, 여자는 소주 3잔 이하가 하루 적정 알콜 권고 섭취량이다. 과음할 경우에는 최소 이틀 정도의 휴지기를 갖고 간을 쉬게 해주는 것이 건강에 좋다. 창포는 잎을 채취해서도 사용하고, 뿌리를 채취해서도 사용한다. 겨울에 채취하는 식물은 뿌리에 영양분이 많고 봄, 여름에 채취하는 식물은 잎과 줄기에 영양분이 많다.

酒 애주 레시피

준비물

밑술:멥쌀 1kg, 쑥 300g, 물 6L(우려서 5L)
덧술:찹쌀 4kg, 누룩 500g
[완성 후 술의 양] 총 **5L** (500ml 10병)

조선시대 경상북도 안동에서 사용된 전통조리서인 『수운잡방』과 『요록』에 애주 제조에 대해 기술되어 있다. 수운잡방에는 이양주로, 요록에는 단양주로 되어 있는데 그 맛이 맑고 깨끗하며 은은한 향이 좋다고 한다. 밑술은 음력 4월 마지막날 밑술을 시작해서 5월 4일(단오전날) 덧술을 하라고 되어 있다.

01. 재료 준비하기

총 술의 양이 5L 가 되도록 설계를 하고 먼저 밑술 작업을 한다. 멥쌀 1kg을 쌀 뜬 물이 안나올 때까지 깨끗하게 씻은 후 7시간 불리고 1시간 물을 뺀 후 쌀가루를 내서 준비한다. 참쑥은 생쑥보다는 햇볕에 충분히 말린 쑥이 좋다. 쑥 300g(총 쌀 양의 6%인데 중간 양 정도로 잡았는데 만약 더 은은하게 즐기고 싶다면 2%인 100g 정도를 사용하도록 한다.)중 절반인 150g을 물 6L에 넣고 끓인 후 식힌다.

02. 쌀과 쑥 물 섞기

쑥 물의 양이 5L이고, 쌀이 1kg이므로 우리는 '죽'형태로 밑술을 준비한다. 준비된 쌀가루에 살짝 식은 70~80도 정도의 쑥 물을 조심스럽게 살살 부어가며 버무른다. 물이 뜨겁기 때문에 손으로는 하지 말고 소독된 주걱을 사용하도록 한다. 쑥 물을 한꺼번에 부어져 젓지 않도록 주의한다. 5~6차례에 걸쳐 쌀가루가 충분히 젖은 상태의 '죽'이 되도록 저어주도록 한다.

03. 누룩 섞기

쌀과 쑥 물이 섞인 죽이 충분히 식은 상태에서 준비된 누룩 500g을 넣고 두 손으로 약 20분간 치대준다. 누룩의 크기는 콩알크기에서 밤알 크기 정도면 되므로 너무 잘게 부수지 않아도 된다. 또 실제로 잘 말려진 법제 누룩은 부서지지도 않는다. 2~3일 후 밑술을 거르고 거른다. 다음으로 찹쌀 4kg을 쌀 뜬 물이 안나올 때까지 깨끗하게 씻은 후 7시간 불리고 1시간 물을 빼고 준비해놓는다.

04. 밑술거르기

2~3일 후 밑술을 거르고 거른다. 다음으로 준비된 찹쌀 4kg를 고두밥을 만드는데 이 때 남은 쑥 150g을 찹쌀을 찜기에 깔 때 잘 펼쳐서 같이 깔아서 쌀에 쑥 향이 스며 들 수 있도록 한다. 다 쪄진 찹쌀은 차게 식힌 후 거른 밑술과 섞어서 덧술을 진행한다.

05. 덧술거르기

약 20일 후 덧술을 거르는데 그 전에 2~3번 밑술과 고두밥이 잘 섞일 수 있도록 저어주도록 한다.

줄기를 사용한 약주

송절주

소나무 옹이부분을 얇게 썰어 말린 편으로 빚은 술.

송절주에 관해서는 『규합총서』, 『임원십육지』, 『술 빚는 법』, 『부인필지』, 『고사십이집』 등에 기록되어 있다. 재료의 가짓수는 6, 9, 10가지였다. 재료는 멥쌀, 물, 누룩, 찹쌀, 송절, 진말, 녹말, 국화, 두견, 매화, 유자 등이다.

전통주를 담글 때는 소나무의 여러 부위를 이용하며, 부위에 따라 특징과 명칭이 달라진다. 감국과 송엽을 이용하면 송국주(松菊酒), 솔방울을 이용하면 송령주(松鈴酒), 송순을 이용하면 송순주(松筍酒), 소나무액을 이용하면 송액주(松液酒), 솔잎을 이용하면 송엽주(松葉酒), 실백을 이용하면 송자주(松子酒), 송지를 이용하면 송지주(松脂酒), 송화를 이용하면 송화주(松花酒)라고 한다.

송절주의 경우 소나무 가지의 마디를 사용하여 특유의 솔향이 나고 쌉싸름한 감칠맛이 나는 것이 특징이다.

[출처]참고문헌 攷事十二集, 閨閤叢書, 婦人必知, 林園經濟志, 한국의 전통 민속주(이효지, 한양대학교출판부, 2009)

멥쌀 5되를 백세 작말하여 물 5되를 끓이고 개어서 식힌 뒤 봉해 차지도 덥지도 않은 곳에 둔다. 송절(松節,소나무 마디) 2말을 깨끗이 씻어 물을 부어 진하게 고아 놓는다.

멥쌀 5되, 찹쌀 1말을 씻어서 물에 담갔다가 각각 지에밥을 쪄서 송절 삶은 물 2말을 지에밥에 주어 가며 고루 섞어 쪄서 식힌다.

밑술에 소나무 마디 달인 건지를 항아리 밑에 넣고 메밥 버무린 것, 찰밥 지에밥을 위에 얹어 봉하여서 차지도 않게 익힌다. 봄이면 두견화(杜鵑花), 가을이면 국화(菊花), 겨울이면 유자(柚子)의 껍질을 주머니에 넣어 잠기지 않게 매달아 항아리에 넣어 둔다.

꽃향기와 솔향기가 입에 가득하여 맛이 기이하고, 풍담(風痰)을 없애고 원기를 보양하여 팔다리를 못 쓰던 사람도 신기한 효험을 본다고 『규합총서』에 기록되어 있다.

조선시대 가장 장수했던 왕인 영조도 즐겨마셨다는 송절주는 서울시 무형문화재 2호로 지정되어 있으며, 삼해 약주, 향온주, 삼해 소주와 함께 서울의 4대 명주다.

酒 송절주 레시피

준비물

[이양주]
밑술:멥쌀 1kg, 물 4L, 누룩 100g, 밀가루 30g
덧술:멥쌀 1kg, 찹쌀 2kg, 송절 200g
보조:(봄)진달래, (가을)국화,(겨울)유자껍질
[완성 후 술의 양] 총 **8L** (1000ml 8병)

'배고픈 시절 소나무 껍질로 허기진 배를 채우곤 했다' 라는 이야기를 들은 적이 있을 것이다. 이처럼 예로부터 다양하게 활용되어 온 소나무 껍질이 최근 다시 관심을 받고 있다. 소나무 껍질에 들어 있는 '피크노제놀' 이라는 성분이 혈관이나 심장질환, 성인병 예방에 좋다. 피크노제놀은 활성산소를 제거하는 기능을 해 단순 질병예방을 넘어 질환을 완화하는 기능도 가지고 있다고 한다. 우리는 규합총서의 주방문으로 술을 빚기로 한다.

01. 밑술 만들기

총 술의 양이 8L 가 되도록 설계를 하고 먼저 밑술 작업을 한다. 멥쌀 1kg을 쌀 뜬 물이 안나올 때까지 깨끗하게 씻은 후 7시간 불리고 1시간 물을 뺀 후 쌀가루를 내서 준비한다. 쌀과 물이 1:4이므로 죽으로 빚고 누룩 100g과 박력분 30g으로 치댄다.

차지도 덥지도 않은 곳에 두라고 했으므로 보통 상온 20~25도의 조건에 맞는 곳에 48시간을 두고 발효시킨다.

02. 덧술용 쌀 찌기

덧술에 멥쌀과 찹쌀을 둘 다 사용하므로 두 쌀의 성질이 다르므로 각 각 고두밥을 찌는데 멥쌀은 송절 200g을 씻어 1시간 정도 약불로 진하게 다린 물 500mL를 찌는 중간에 살수시키면서 찌도록 한다. 송절을 다린 후 남은 건더기도 발효조에 담을 때 사용하므로 버리지 않도록 주의한다.

03. 밑술과 섞기

미리 발효시킨 밑술을 걸러 덧술용으로 만든 멥쌀과 찹쌀을 섞는다.

04. 발효조에 담기

발효조에 달이고 남은 송절 건더기, 메밥, 찰밥 순서로 넣는다. 가을엔 국화를 위에 넣고, 봄엔 진달래를 넣고, 겨울엔 유자껍질을 면포에 싸서 매달아 술의 알코올에 녹아들게 익힌다. 잘 발효되면 15~16도 정도의 알코올 도수가 나온다. 참고로 송절을 다릴 때 당귀나 진득찰을 넣고 같이 다리기도 하는데 관절염과 피부병에 효험이 있다고도 한다.

계피주(계피술, 육계주)

증류 소주에 계피를 넣어 만든 술.

1924년에 출간된 '조선무쌍신식요리제법' 원문에 계피주는 '계피정 4g 과 단사리별 1g, 물 100g'을 넣어 병입구를 잘 봉하여 두고 3~4일 후에 채주하여 마신다고 되어 있다.

계피정(桂皮精)은 계피유(계피기름)와 알코올을 혼합한 약물로 향기가 좋아서 탕약재의 불쾌한 맛이나 고약한 냄새를 없애는 데 쓴다고 한다.

단사리별은 흰 설탕과 뜨거운 증류수를 65:35 비율로 섞어만든 일종의 설탕시럽이다.

집에서 같은 형식으로 만들고자 한다면 아래 레시피처럼 만들어보도록 한다.

설탕시럽 1g
(설탕 65: 물 35의 비율, 젓지말고 녹여서 만들것)
계피정 4g (없을 시 계피 2g, 소주 1/5잔)
물 90g

위와 같이 만들고 3~4일간 발효시키면 원문에 나온 레시피가 되는데 실제는 술 맛이 거의 나지 않으므로 이양주 타입으로 빚는 것을 추천한다.

준비물

[이양주]
밑술:멥쌀 1kg, 계피 250g 내린 물 5L,
누룩 500g
덧술:찹쌀 4kg + 계피 내리고 남은 건더기
[완성 후 술의 양] 총 **10L** (1000ml 10병)

01. 밑술 만들기

총 술의 양이 10L 가 되도록 설계를 하고 먼저 밑술 작업을 한다. 멥쌀 1kg을 쌀 뜬 물이 안나올 때까지 깨끗하게 씻은 후 7시간 불리고 1시간 물을 뺀 후 쌀가루를 내서 준비한다. 계피 250g은 깨끗하게 씻어서 물 6L에 넣고 삶아서 물이 5L 가 될 때까지 우려낸다. 우려낸 물은 70~80도 정도까지만 식혀서 갈아놓은 쌀과 섞는다. 물이 1:5이그로 묽은 죽으로 빚으면서 충분히 식으면 누룩 500g을 넣어 이틀 후 걸러 밑술을 준비한다.

02. 덧술 만들기

찹쌀 4kg을 쌀 뜬 물이 안나올 때까지 깨끗하게 씻은 후 7시간 불리고 1시간 물을 뺀 후 계피 건더기를 사이 사이에 넣어 고두밥을 만들고 식힌다. 고두밥이 식으면 거른 밑술과 혼합하여 충분히 치대고 20일간 발효를 시킨다. 처음 1~2회 정도만 저어주고 기다린 후 채주하여 음용한다.

천금주

천금목(千金木)껍질을 삶은 즙을 섞어 빚은 술.

『동국이상국집』, 『구황촬요(救荒撮要)』, 『치생요람(治生要覽)』, 『산림경제』, 『임원경제지』, 『양주방』 등에 수록되어 있다.

제조법은 먼저 찹쌀과 볏짚을 진하게 삶아 볏짚을 제거한 뒤 붉나무의 껍질을 달여 그 즙이 식기를 기다려 합하여 항아리에 넣고, 누룩가루를 넣은 뒤 다음날 물 두되에 쌀 한되로 죽을 끓여서 빚는다. 술맛이 맑고 달며, 다리의 종기를 낫게 하는 효능이 있다고 한다. 구황식으로도 이용되었다. 현재는 볏짚을 구하기도 어려워서 전통적일 레시피는 생략하겠다.

옻나무과에 속하는 붉나무는 다른 이름으로 염부목(鹽膚木), 염목(鹽木), 천금목(千木)이라고 불린다. 여름에 흰색 작은 꽃들이 가지 끝에 모여 피는데, 열매가 익으면 흡사 붉은 갈색의 수수와 같다. 오배자는 50~60%의 탄닌 성분과 소지, 기름 성분을 함유하고 있다. 신장염 환자는 덜 익은 열매를 따서 말린 것을 소금 대신 먹는 것도 괜찮다. [출처] 허은선의 우리 약초 이야기

Original Korean Soft Wine

오가피주

오가피 껍질을 벗겨 말려 빚은 술.

『지봉유설』에 나온 내용을 보면 '...오가피는 일명은 금염(金鹽)이오, 일명은 문장초(文章草)니 위로 오차성(五車星) 정기를 응했기 때문에 잎이 오순이다. 옛 사람이 이르기를 차라리 한 줌의 오가피를 얻고자 하지, 수레에 가득한 금옥(金玉)은 쓰지 않겠다고 하였고 또 말하되 문장(文章)으로 술을 빚으면 황금도 이보다 귀중하다고 말할 수 없다고 했으니 오가피는 대개 상품(上品)의 영약(靈藥)이다. 술을 만들면 크게 몸을 보하고 차처럼 끓여 먹어도 좋은 효과가 있다.' 고 나와있을 만큼 좋은 약재다.

예전에는 주정의 증류기술이 낮을 때에는 ' 퓨젤오일'이 소주 병목 부분에 기름처럼 떠 있기도 했다. 그래서 병목을 쳐서 조금 쏟아 버리고 마시는 음주법도 유행하기도 했다. 지금은 증류기술이 발전하고 초대형 증류시설로 증류하므로, 거의 완벽하게 순수한 알코올(95%+물)만 농축되므로 이럴 필요가 없다.

酒 오가피주 레시피

준비물

[단양주]
밑술: 멥쌀 1kg, 오가피 다린 물 3L(원물 6L), 누룩 300g, 밀가루 90g, 오가피 150g
덧술: 멥쌀 2kg
[완성 후 술의 양] 총 **6L** (1000ml 6병)

우리는 산림경제의 주방문으로 술을 빚기로 한다.

01. 밑술 만들기

총 술의 양이 6L 가 되도록 설계를 하고 먼저 밑술 작업을 한다. 멥쌀 1kg을 쌀 뜬 물이 안나올 때까지 깨끗하게 씻은 후 7시간 불리고 1시간 물을 뺀 후 쌀가루를 내서 준비한다. 물 6L에 오가피 150g을 넣고 물이 절반인 3L가 될 때까지 다린다(더 좋은 맛을 내기 위해서는 밑술 물을 1.5L 정도로 다리고 덧술할 때 오가피 다린 물을 1.5L을 더 넣는다.). 물 3L가 70~80도 정도로 살짝 식었을 때 멥쌀가루에 쌀과 물 1:3으로 범벅을 치대서 식힌 후 누룩과 밀가루를 섞어서 이틀 발효를 시킨다.

02. 덧술 만들기

만들어진 밑술을 거르고 소독된 용기에 담아놓은 뒤 덧술을 위한 멥쌀 2kg를 살수를 하여 고두밥을 만든다. 이 때 사용하는 살수 물과 찜기에 들어가는 물도 반드시 오가피 다린 물을 사용한다. 고두밥이 식으면 용기에 담아놓은 덧술과 잘 버무려서 약 20일 후에 거른다. 오가피는 '문장초(文章草)'로 황금보다 귀한 술이 된다.

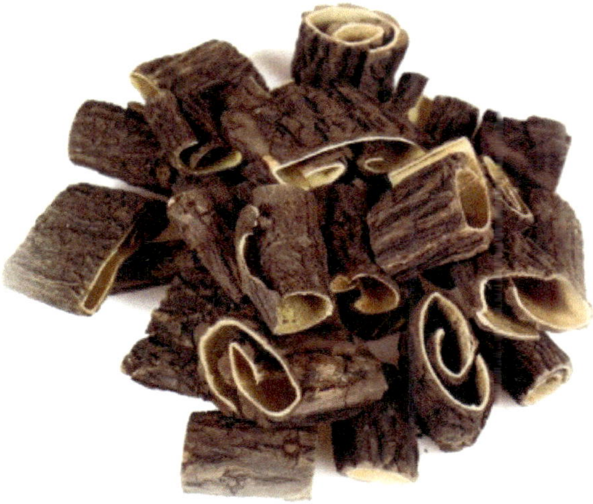

오가피 채취와 사용량

봄에는 외피를 벗긴 생오가피 150g을 사용하고, 겨울에는 외피를 벗기지 않은 상태의 생오가피 300g을 사용하되 말린 오가피를 사용할 때는 생오가피의 62.5%만 사용한다.
예를 들어 생오가피 150g이라면 말린 것은 93.75g을 사용하고 생오가피 300g이라면 말린 것은 187.5g을 사용한다.

뿌리를 사용한 약주

당귀주

당귀의 뿌리를 건조시킨 약재로 빚은 술

당귀는 여러 약용 식물 중에 대표적인 약용 식물로 야생 당귀도 있으나 요즘은 재배도 많이 한다. 당귀 뿌리와 잎에서는 은은한 한약 냄새가 나서 상추, 배추와 같이 쌈용 채소로도 많이 사용한다.

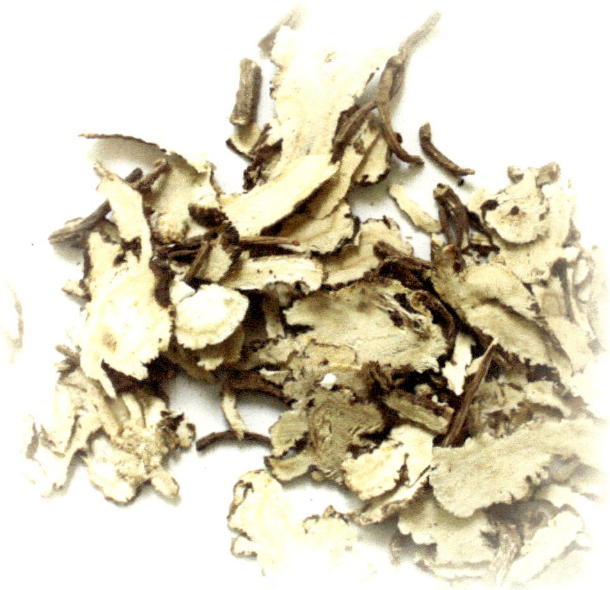

다른 이름으로는 乾歸(건귀), 馬尾歸(마미귀), 馬尾當歸(마미당귀), 文無(문무), 백기, 산기, 秦歸(진귀) 등의 이름으로도 불린다. 통경(通經), 진통,조혈(造血),강장(强壯) 등의 효과가 있고 몸을 따뜻하게 해서 특히 여성들한테 매우 좋다. 뿌리주를 만드는 방법은 오가피주와 같다.

상근백피주

뽕나무 뿌리의 속껍질로 빚은 술로 기침과 소변에 효과가 있다.

지황주

지황은 중국산 식물로 뿌리는 한방에서 약재로 쓴다. 날것은 '생지황', 건조 시킨 것은 '건지황', 술을 넣고 쪄서 만든 것은 '숙지황'이라고 한다.

카탈폴(catalpol) 및 만니트(mannit),만니톨(mannitol),스타키오스(stachyose),글루코오스(glucose) 등의 약효 성분이 있어서 혈액 응고, 심장 근육력 증가, 이뇨작용, 해열 효과, 고혈당 억제, 혈당 강하 작용을 한다. 생지황은 약성이 차고 맛은 쓰며 달고, 건지황은 차고 달며, 숙지황은 약간 온화하고 달다.

숙지황은 빈혈 치료제로서의 효과가 뛰어나며, 생식기능 감퇴와 만성신장염,고혈압,당뇨병,신경쇠약 등에도 유효하다. 또, 신장의 기능 허약으로 인한 해소와 천식에도 많이 이용된다.

임신부나 설사를 하는 사람에게는 생지황을 사용하여서는 안 되고, 건지황도 역시 설사를 하는 사람에게 쓰지 않는다. 숙지황은 소화기능이 약하여 소화가 잘 안 되고 자주 체하는 사람에게는 쓰지 않는다.

[출처] 지황 [地黃] (한국민족문화대백과, 한국학중앙연구원)

우슬주

부인병에 좋은 우슬을 넣어 빚은 술

우슬은 자궁을 흥분시키고 수축을 강하게 하는 효과가 있어 무월경과 월경통 등 부인병에 좋으며, 하반신의 기능을 강화시키므로 노인들의 보약으로 사용된다. 우슬은 쇠무릎의 뿌리를 말린 것으로 한방에서 쓰이는 약재이다. 혈액 순환을 원활하게 하고 요퇴부의 동통(疼痛)을 해소하는 효능이 있다. [출처] 우슬주 [牛膝酒]

우슬은 특히 무릎 관절에 좋다고 해서 무릎엔 우슬이다는 말까지 있다. 300g에 1만3천원 정도에 말린 건조 우슬이 판매된다.

송근주(송근봉주)

소나무 뿌리로 담근 술로 아령처럼 생긴 우락부락한 소나무 뿌리를 물로 씻어 껍질을 벗겨 술을 담근다. 1kg에 대략 10만원 정도로 재료가 구하기가 어렵고 손질이 번거로와 비싸다. 보통 35% 이상의 높은 도수의 소주나 증류주에 담가 약용주로 섭취한다. 오랜 시간 숙성 시킬수록 소나무의 향기와 색이 우러나와 술 가치가 올라간다. 전통주 기법으로 만들려면 뿌리는 약불로 오랜 시간을 달여서 사용한다.

열매씨를 사용한 약주

백자주

잣나무의 열매 실백,잣으로 빚은 술

우리나라 과실주 중 가장 오래된 것으로 알려져 있는데 잣을 가루로 만들 때 생기는 지방 성분으로, 잘 발효된 술에서는 고소한 맛을 주긴 하지만, 이상발효를 일으키는 원인이 되어 술맛을 나쁘게 한다. 우리는 '증보산림경제' 비법으로 만들도록 한다. [출처] 백자주 [栢子酒], 한국의 전통명주 2

준비물

[이양주]
밑술:멥쌀 1kg, 물 3L, 누룩 300g, 밀가루 90g
덧술:멥쌀 2kg, 잣 300g
[완성 후 술의 양] 총 6L (1000m 6병)

01. 밑술 만들기

총 술의 양이 6L 가 되도록 설계를 하고 먼저 밑술 작업을 한다. 멥쌀 1kg을 쌀 뜬 물이 안 나올 때까지 깨끗하게 씻은 후 7시간 불리고 1시간 물을 뺀 후 쌀가루를 내서 준비한다. 잣은 하룻밤 불려서 깨끗이 씻고 곱게 갈아서 물 4L에 넣고 끓여 물이 3L가 될 때까지 끓인 후 찌꺼기는 버린다.

잣을 끓인 물 3L가 70-80도로 살짝 식으면 멥쌀 가루 1kg을 범벅으로 치댄다. 온도가 충분히 식으면 누룩 200g과 밀가루를 넣고 20분간 치대고 밑술로 25도에서 보관시켜 효모를 증식시킨다.

02. 덧술 만들기

48시간 후에 밑술을 거른 뒤 멥쌀 2kg을 쌀 뜬 물이 안 나올 때까지 깨끗하게 씻은 후 7시간 불리고 1시간 물을 뺀 후 고두밥을 해서 식힌 후 남은 누룩 100g과 치댄 후 일주일간 발효를 시켜 채주 음용한다.

도인주

복숭아 나무의 씨앗 – 도인(桃仁)–으로 담근 술

도인은 장미과 복숭아나무 또는 산복사의 씨로 만든 약재로 냄새가 거의 없으며 맛은 쓰고(苦) 달며(甘) 성질은 한쪽에 치우치지 않고 평(平)하다고 하였다. 도인은 어혈을 제거하여 하복통, 월경폐색, 월경불순, 타박상, 폐농양, 맹장염에 쓰이며, 장을 윤활하게 하여 변비에 사용하며 피부 가려움증, 건조, 기미, 주근깨 등에 쓰인다. 약리작용으로 혈관확장작용, 혈류량 증가, 자궁수축 및 자궁지혈작용 촉진, 배변작용, 항염증작용, 진해작용, 진통작용 등이 보고되어 있다.

[수운잡방], [주찬], [윤씨음식법]에 술 제조 방법이 소개되어 있다.

▲ 수운잡방

부재료: 복숭아씨 5백개, 청주 3병

복숭아씨를 껍질을 제거하고 속살을 취해 청주를 넣어가며 맷돌에 곱에 갈아 고운 명주 천에 거르고 밀봉하여 가마솥에 띄워 중탕한다. 술 색깔이 누렇게 되면 좋은 것이라 할 수 있다. 차갑게 보관하고 4~5개월 후에 마신다. 매일 아침에 술을 따뜻하게 데워서 한 종지씩 마신다.

▲ 주찬

부재료: 복숭아씨 1,500근, 찹쌀 술 15되

복숭아씨를 껍질을 제거하고 속살을 취해 찹쌀 술 9되에 곱게 갈아 서로 엉기면 항아리에 담고, 9되임을 알 수 있는 표시를 꽂아 준다. 또 찹쌀 술 6되를 덧 붙는다. 중탕하여 9되가 될 때까지 졸인다. 공복에 마신다.

▲ 윤씨음식법

부재료: 복숭아씨 200개, 청주 3말

복숭아씨를 껍질을 제거하고 속살을 취해 그릇에 넣고 청주를 넣어가며 곱게 갈아 헝겁에 싸서 거르고 청주 3말과 솥에 넣어 색이 나오도록 삶는다. 하루에 2번씩 마신다.

구기자주

구기주라고도 하며 말린 생약재로 담궈 먹는 술

날것으로 담그는 방법과 말린 생약재로 담그는 방법이 있다. 날것으로 담글 때는 잘 씻은 구기자 500 g에 소주 2 ℓ의 비율로 하여 2개월 정도 밀봉해 두면 적갈색의 술이 된다. 한방 생약 구기자를 사용할 때는 구기자 200 g에 소주 2 ℓ의 비율로 담그는데, 보통 3개월 정도 지나면 익는다. 익은 술을 다른 그릇에 옮기고, 다시 소주를 넣어 먼저 것과 같은 농도의 술이 되게 한다. 이러한 방법으로 3번까지 할 수 있다.

날 것으로 담근 술은 특유한 냄새가 나서 마시기가 역겹지만, 생약재로 담근 술은 냄새가 나지 않고 약효도 더욱 높다. 구기자주에는 비타민 · 루틴 · 베타인 · 아미노산 등이 들어 있어 강장제로서 효능이 높고, 동맥경화 · 고혈압의 예방 등에 효과가 있다. 특히 말린 생약재로 빚은 술은 농도가 짙기 때문에 저녁식사 전이나 취침 전에, 작은 잔으로 1잔 정도를 규칙적으로 마시면 좋다. 술이 약한 사람은 물을 3배 가량 타서 마시거나, 산미가 강한 과실주를 조금 타서 마시면 된다.

[네이버 지식백과] 구기자주 [枸杞子酒] (두산백과)

▲ 산림경제, 고사십이집, 임원십육지

부재료: 구기자 다린 물 5되, 찹쌀:누룩 = 5:1

구기자를 달여 묽은 엿처럼 만들어 누룩을 담가둔다. 찹쌀은 씻은 후 볕에 말려 밥을 짓는다. 봄/여름은 차게 겨을/겨울은 온기가 있을 때 곱게 빻은 누룩과 섞는다. 여름에는 독이 뜨겁지 않게 하고 봄/겨울에는 독을 밀봉한다. 여름에는 7일간 봄/겨울에는 10일간 발효 후 채주한다

▲ 주찬

부재료: 구기자 뿌리, 생지황, 감국화 각 1근, 누룩

약재들을 찧어 물 1섬(석)에 달여 5말을 얻는다. 고두밥에 고운 누룩을 섞는다. 익어서 맑아지면 하루에 3잔 마신다. 물 1섬(석)은 10말이므로 180L를 달여 5말(=90L)로 만든 후 찹쌀:누룩의 비율은 1:1로 한다.

포도주(전통주 방식 포도주)

포도즙으로 쌀과 누룩으로 빚어 먹는 술

외국 포도로는 와인을 빚어 먹지만 한국 전통방식으로는 쌀과 누룩으로 발효를 시켜 먹는다. 가을 수확철에 팔기에는 상품성이 떨어지지만 맛과 품질은 좋은 포도를 이용해 담궈 마신다. 수운잡방, 동의보감, 산림경제를 비롯한 거의 모든 주방문들에 그 비법들이 소개되어 있다. *와인방식 포도주 제조방식은 뒤에 별도.

준비물

[이양주]
밑술:멥쌀 1kg, 물 3L, 누룩 300g
덧술:찹쌀 4kg, 포도 2kg
[완성 후 술의 양] 총 10L (1000ml 10병)

01. 밑술 만들기

술의 양이 10L 가 되도록 설계를 하고 먼저 밑술 작업을 한다. 멥쌀 1kg을 쌀 뜬 물이 안나올 때까지 깨끗하게 씻은 후 7시간 불리고 1시간 물을 뺀 후 쌀가루를 내서 준비한다. 물 3L가 70~80도 정도로 살짝 식었을 때 멥쌀 가루에 쌀과 물 1:3으로 범벅을 치대서 식힌 후 누룩 300g을 섞고 이틀 발효를 시킨다.

02. 덧술 만들기

48시간 후에 밑술을 거른 뒤 걸러진 덧술과 찹쌀 2kg을 쌀 뜬 물이 안 나올 때까지 깨끗하게 씻은 후 7시간 불리고 1시간 물을 뺀 후 고두밥을 해서 식힌 후 포도를 으깨면서 충분히 치댄다. 포도 겉면의 흰 가루는 천연 효모인데 포도를 물에 씻어버리면 포도주 맛이 떨어진다. 이렇게 덧술 작업을 하면서 포도를 직접 넣는 방법이 있고 포도를 으깨서 순수한 포도주 2kg 즙을 내서 사용하는 방법이 있는데 두 방법이 같은 포도로 만들었어도 오묘하게 맛이 다르다. 이양주이므로 20일간 발효를 시켜 채주 음용하는데 10~15일경에 채주를 해서 먹는게 요즘 사람들 입 맛에 더 맞고 시큼한 맛이 덜해서 더 맛있다.

[참고] 와인의 드라이, 스위트 당도

ㄴ 와인 안에 든 포도 과당 양을 기준으로 분류하면.

1g~10g / 1L = 0.1~1% = Dry Wine

10g~30g / 1L = 1~3% = Off Dry Wine

30g~120g / 1L = 3~12% = Sweet Wine

120g~2200g / 1L = 12~22% = Dessert Wine

소자주

볶은 차조기의 씨를 빻아서 빚어 먹는 술

소엽, 차조기, 차즈기라고도 한다. 들깨와 닮았는데, 전체에서 자줏빛이 돌고 향이 짙다. 어린잎을 쌈으로 먹고, 송송 썰어 비빔밥에 넣기도 한다. 간장이나 된장에 박아 장아찌를 담가도 맛있다. 튀김이나 부각도 한다. 열매는 익기 전에 꽃차례를 뜯어 장아찌를 담거나 튀김을 한다. [출처]산나물 들나물 대백과

▲ 증보산림경제, 온주법, 주찬,임원십육지 등 공통

부재료: 차조기씨 1되, 청주 3말

차조기 씨를 살짝 볶아 가루를 만들어 명주 자루에 넣고 청주에 담은 후 1~2일 발효를 해서 담금주로 먹는다. 청주 3말 = 54L. 차조기 1되= 1.8L 이므로 비율이 일반 가정에서 하기에는 크므로 청주 3L에 차조기 1kg 정도의 비율로 하면 좋다.

꽃을 사용한 약주

백화주

사계절을 갖고 있는 우리나라의 겨울 매화, 동백부터 이듬해 국화까지 백 가지 꽃을 모아서 빚은 술로 꽃을 모으는 정성부터 꽃을 덖는 정성, 삼양주로 술을 담그는 정성까지 모든 정성이 가득 들어간 아름다운 술로 대부분의 모든 옛 문헌에 기록되어 있지만 규합총서에 있는 방법으로 빚어보도록 한다.

준비물

[삼양주]
밑술:찹쌀 1kg, 꽃(약 2~30g),물 1L, 누룩 200g (구멍떡)
덧술:멥쌀 1kg, 탕수물 3L, 누룩 200g(범벅)
덧술:찹쌀 2kg (고두밥)
[완성 후 술의 양] 총 8L (1000ml 8병)

01. 재료 꽃 준비

꽃은 꽃 술이 있는 송이째 채취하여 그늘에 말려 봉지에 각 각 이름을 적어둔다. 꽃은 차량 통행이 없는 깊은 산이나 오염되지 않은 곳에서 채취하도록 한다. 국화는 마른 후에 그 향기가 더욱 좋은 반면에 다른 꽃들은 마르면 향기가 줄어든다. 꽃의 성질이 좋은 복사꽃, 살구꽃, 매화꽃, 연꽃, 구기꽃, 냉이꽃 같은 꽃들은 준비를

넉넉하게 하고 다른 꽃들은 1돈(약 3~5g) 정도씩 준비한다. 왜철쭉꽃, 옥잠화꽃, 싸리꽃은 향이 지독하니 넣지 않는다.

02. 구멍떡 준비

찹쌀 1kg 쌀 뜬 물이 안나올 때까지 깨끗하게 씻은 후 7시간 불리고 1시간 물을 뺀 후 쌀가루를 내서 삶은 물 1L와 손으로 반죽을 해서 구멍 떡을 만든다. 반죽을 떠서 얇고 동그랗게 만들고 손가락으로 구멍을 내준다.

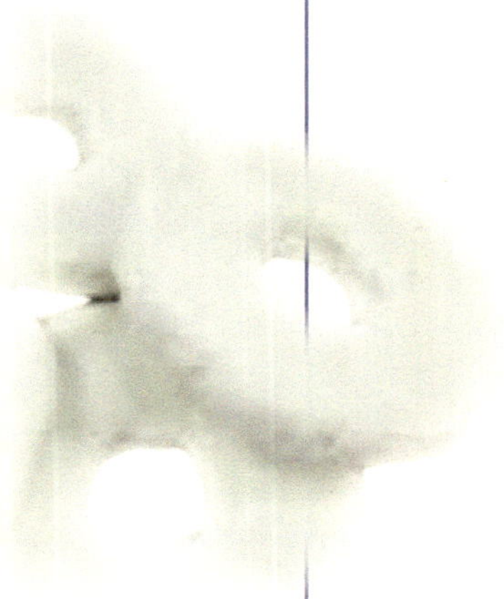

구멍 떡은 쌀과 물의 비율이 1:1로 물이 가장 적게 들어가는 반죽법으로 물이 적어 술의 양이 적지만 단 맛이 강한 술을 얻는 장점이 있다. 만들어진 구멍 떡은 그림처럼 가운데 구멍을 내서 만든 후 끓는 물에 넣고 삶아준다. 구멍 떡이 충분히 익으면 물 위에 떠오르는데 떠오른지 5분 후에 건져서 채반에 놓고 주걱으로 으깨서 식히도록 한다. 힘이 많이 들고 무척 뜨거우므로 주의해야 한다.

03. 밑술 준비

찹쌀로 만든 구멍 떡이 식으면 누룩 200g과 꽃들을 절반만 넣고 충분히 치대서 섞고 발효조에 넣은 후 48시간 발효를 시킨다. 떡 반죽이므로 밑술의 양이 아주 적게 나온다.

04. 1차 덧술 준비

48시간 후 밑술 발효가 되면 밑술을 걸러놓고, 멥쌀 1kg을 쌀 뜨 물이 안나올 때까지 깨끗하게 씻어 7시간 불리고 1시간 물을 뺀 후 쌀가루를 내서 끓여서 살짝 식은 물 3L와 범벅을 만든다. 범벅 작업도 떡 작업처럼 힘이 많이 든다. 범벅 치대기 작업이 끝나고 범벅이 충분히 식으면 남은 누룩 200g을 넣어서 치대주고 마지막으로 밑술을 부어 다시 치대준다.

05. 2차 덧술 준비

1차 덧술이 25도에서 발효가 되서 술이 익으면 2차 덧술을 준비한다. 2차 덧술은 찹쌀 2kg만으로 고두밥으로 찌는데 고두밥 층을 만들 때 쌀과 남은 꽃을 층층이 넣고 맨 위에 생국화 꽃 잎과 누룩 가루를 뿌린다. 2차 덧술이 잘 익으면 국화와 밥 알이 같이 뜬다. 원문에서는 아래처럼 더 좋은 술을 빚는 설명이 더 있다. 이렇게 총 쌀의 양 4kg, 물 4L, 누룩 400g이 들어간다.

크고 묵은 송절을 진하게 달인 물로 빚으면 더욱 좋다. 강심수(강한가운데를 흐르는 물)이나 석천수(돌 틈에 괴는 물)을 길어 쓴다. 송순을 말렸다가 데쳐 독 밑에 넣고 유자 껍질을 빻아 위에 넣고 후추를 굵게 갈아 주머니에 넣어 독 가운데 넣으면 더욱 좋다.

THE FLOWER RAIN

두견주

청주(淸酒)에 진달래 꽃을 침지하여 빚는 술.

진달래꽃을 '두견화'라고도 하므로 '두견주'라고 한다. 두견주는 충청남도 당진시 면천면의 것이 특히 유명한데, 『운양집(雲養集)』에 의하면 1000년 전 고려의 개국공신 복지겸(卜智謙)이 원인 모를 병에 걸려 면천에 와서 휴양할 때 17세 된 딸이 꿈속에서 신선의 가르침을 받고 처음으로 만든 술이라고 한다. 제조법은 마을 뒷산의 진달래 꽃잎을 그늘에 말려서 찹쌀떡에 버무려 우물물로 100일간에 걸려 빚어낸다고 한다. 두견주는 『운양집』 이외에 『규합총서(閨閤叢書)』, 『술만드는 법』, 『술빚는 법』, 『시의전서(是議全書)』 등에도 기록되어 있다.

『규합총서』의 제조법은 찹쌀과 가루 누룩으로 청주를 빚어 술이 부글부글 끓어 오를 때 진달래 꽃을 따서 꽃술이 들어가지 않도록 정히 다듬어 명주 주머니에 넣어 1개월 이상 그대로 담가둔다고 하였다. 그런데 진달래꽃이 속하는 철쭉과 식물의 꽃술에는 '안드로메도톡신(andromedotoxin)'이라는 독 성분이 있으므로, 술을 담글 때 진달래의 꽃술이 섞여 들어가지 않도록 조심해야 한다.

예로부터 두견주는 요통,진통,해열,각연증(脚軟症), 류머티즘 등의 치료약으로 쓰여왔으며, 삼월삼짇날의 절기주로도 유명하다. 최근 전통 민속주 제조기능을 보존, 전승하도록 하기 위하여 면천의 두견주 제조기능을 국가무형문화재 제86호로 지정하였다.

[출처: 한국민족문화대백과사전(두견주(杜鵑酒))]

준비물

[이양주]
밑술:멥쌀 1kg, 물 3L, 누룩 400g
덧술:멥쌀 1.5kg, 찹쌀 1.5kg, 진달래꽃 100g
[완성 후 술의 양] 총 8L (1000ml 8병)

01. 밑술 만들기

총 술의 양이 8L 가 되도록 설계를 하고 먼저 밑술 작업을 한다. 멥쌀 1kg을 쌀 뜬 물이 안나올 때까지 깨끗하게 씻은 후 7시간 불리고 1시간 물을 뺀 후 쌀가루를 내서 준비한다. 탕수 물 3L를 70~80도 정도로 살짝 식었을 때 멥쌀가루에 쌀과 물 1:3으로 범벅을 치대서 식힌 후 누룩 400g을 섞고 이틀 발효를 시켜서 밑술을 준비한다.

02. 덧술 만들기

멥쌀 1kg과 찹쌀 1kg을 쌀 뜬 물이 안나올 때까지 깨끗하게 씻은 후 7시간 불리고 1시간 물을 뺀 후 각 각 고두밥을 만든 후 차게 식힌다. 밥을 각 각 밑술과 버무린다. 만약 밥이 너무 많다면 탕수물을 살짝 부어서 버무려도 된다.

넣는 순서는 메밥, 찰밥, 꽃 순으로 켜켜이 넣고 맨 위는 메밥으로 덮는다. 진달래 꽃은 꽃술이 없어야하고 너무 많이 넣으면 술 빛이 붉고 좋지 않다.

술이 익어갈 때쯤 위를 얇게 벗기고 가운데를 헤치면 맑은 술이 솟아나고 밥 알과 꽃이 잔뜩 뜨고 향기가 특별하다. 사기병이나 질그릇 병에 넣으면 맛이 변하므로 오지병(입구가 좁은 질그릇)에 넣는다.

밥을 푹 익게 찌고 서늘하게 식혀 빚으면 쉴 염려가 없고, 누룩을 잘 바래면 잡 맛이 없고 빛이 냉수와 같다. 냄새가 나지 않는 술 그릇에 가라앉혀 맑게 거르기를 여러 번 할수록 맑고 시원하고 맛이 변하지 않는다. 12~21일 후에 채주하여 먹는다.

◀ 진달래 꽃으로 담근 두견주는 충남 당진군 면천면을 대표하는 전통주이다.
[출처]kocis.go.kr

매화주

매화 꽃을 이용해서 빚은 술

매실은 향기도 좋거니와 오매(烏梅) 외에도 술과 장아찌 등 식용으로도 널리 사용되는데, 매실의 꽃을 가리켜 매화(梅花)라고 한다. 매화는 그 향기가 청아하고 기품이 있으며, 엄동설한을 다 이겨내고 가장 먼저 피는 꽃이라고 하여 굳은 의지와 절개를 상징하기도 한다. 이 때문에 선비들과 시인 묵객들 사이에서 완상의 으뜸이 되는 꽃으로 사랑받아 왔다.

남쪽 제주도 지방에서는 음력 2월이면 활짝 핀 매화를 목격할 수 있으며, 보통 3월초에서 4월 초순이 되어야 본격적으로 꽃을 볼 수 있다.

매화는 꽃의 빛깔에 따라 백매(白梅)와 홍매(紅梅) 두 종이 있는데, 홍매보다 백매가 더 향기가 좋은데다, 그 빛깔은 희다 못하여 푸른 빛깔을 띠드로 청매(青梅)라고도 불리고 있다. 매화에도 매실에 함유되어 있는 구연산과 사과산을 함유하고 있어, 피로회복,소화불량 등에 효과를 나타낸다.

[출처]조용철의 마음풍경

꽃은 반개한 것을 골라 따는 것이 가장 좋고, 만개한 꽃이라도 꽃잎이 떨어지지 않는 것으로 골라서 채취하도록 한다. 가능한 길가나 낮은 지역보다는 언덕배기나 골 깊은 곳의 꽃을 채취하는 것이 향이 더 좋다. 채취한 꽃은 흐르는 물에 잠깐 헹궈서 먼지나 흙 같은 이물질만을 씻어낸다. 꽃잎이 물에 잠겨 있는 시간이 길어질수록 향기도 사라지고, 꽃잎의 갈변현상이 빨리 진행되므로, 단시간에 물기를 빼서 그늘지고 서늘한 곳에서 수분을 제거한다.

생것을 사용하여 술을 빚고자 할 때에는 덧술에도 누룩을 사용하도록 하고, 술을 빚을 계획이 없어 나중에 이용하려면 음건하여 종이봉투에 담아 보관했다가 이용한다. 건조시킨 꽃은 그 부피가 현저하게 줄어들므로 생것을 이용할 때보다 꽃의 양을 많이 넣어주고, 누룩을 넣지 않는 방법이라야 꽃향기가 좋다.

〈임원십육지〉의 매화주는 화향 입주법으로, 생화를 쓰는 방법은 향기가 좋으나 오래가지 못하고 누룩 냄새가 많이 나며, 술 맛이 쓰다는 것이 단점이었다. 따라서 더욱 깊은 매화향을 즐길 수 있는 방법을 찾게 되었는데, 술을 빚을 때에 건조시킨 매화를 넣고 버무리는 방법이 그것이다. 그런 의미에서 〈개발주〉의 매화주는 직접혼합법을 차용한 것으로, 〈임원십육지〉의 방법보다 짙은 향기와 감칠맛을 느낄 수 있다.

[네이버 지식백과] 매화주 (한국의 전통명주)

준비물

[이양주]
밑술:멥쌀 1kg, 물 3L, 누룩 500g
덧술:찹쌀 4kg, 말린매화 5g
[완성 후 술의 양] 총 8L (1000ml 8병)

01. 밑술 만들기

총 술의 양이 8L 가 되도록 설계를 하고 먼저 밑술 작업을 한다. 멥쌀 1kg을 쌀 뜬 물이 안나올 때까지 깨끗하게 씻은 후 7시간 불리고 1시간 물을 뺀 후 쌀가루를 내서 준비한다. 탕수 물 3L를 70~80도 정도로 살짝 식었을 때 멥쌀가루에 쌀과 물 1:3으로 범벅을 치대서 서늘한 곳에서 식힌 후 누룩 500g을 섞고 이틀 발효를 시켜서 밑술을 준비한다.

01. 덧술 만들기

찹쌀 4kg을 쌀 뜬 물이 안나올 때까지 깨끗하게 씻은 후 7시간 불리고 1시간 물을 뺀 후 고두밥으로 찐다. 고두밥은 찜기에서 김이 나기 시작하면 앉히고 40분간 찌고 20분간 뜸을 들여 무르게 푹 익히고 고루 뒤집어 가며 차게 식힌다. 고두밥을 찌는 동안 밑술을 거르고 고두밥이 다 식으면 밑술에 식은 고두밥을 고루 섞고 치대어 술밑을 빚는다.

발효조 바닥에 매화를 먼저 깔고 그 위에 술밑 절반을 안치고 다시 매화를 깔고 나머지 술밑을 안친다. 술밑을 다 안친 후에 남은 매화를 술 위에 덮고 밀봉하여 20~21일간 발효시킨다.

국화주

가향재(加香材)인 국화를 넣어 빚은 가향주

우리 조상들이 가장 즐겼던 대표적인 계절주의 하나이기도 하다. 국화주는 쌀과 누룩, 물을 섞어 빚은 곡주에 국화향을 넣는 화향입주법(花香入酒法)의 국화주를 근간으로 하고, 1)술을 빚을 때 만개한 국화를 함께 넣어서 빚는 경우, 2)국화 외에 여러 가지 생약재를 달인 물을 함께 넣어 빚는 경우, 3)황금주같이 전혀 국화는 넣지 않으면서도 국화주와 같은 술 빛깔을 띤다는 뜻에서 국화주라는 이름을 얻은 술 등 여러 가지가 있다. 국화주는 향기가 좋고 감미가 나는 야생 감국을 주로 이용하는데, 중양절(重陽節)의 절식(節食)으로 민간에서는 물론이고 궁중에서도 축하주로 애용되었다고 전한다.

국화주에 대한 기록으로 고려시대의 〈동국이상국집〉과 〈파한집〉에 국화주가 수록되어 있는 것으로 미루어, 그 역사가 오래되었음을 알 수 있다. 또, 조선시대에 이르러서는 〈동의보감〉을 비롯 〈요록〉, 〈고사십이집〉, 〈규곤시의방〉, 〈임원십육지〉, 〈음식법〉, 〈규합총서〉, 〈농정회요〉, 〈조선세시기〉 등의 문헌에도 등장하고 있어, 국화주가 대중주로 깊게 뿌리내렸음을 엿볼 수 있다.

세간에서도 '국화주를 하루에 세 번 한잔씩 따뜻하게 데워 마시면 뼈와 근육이 튼튼해지고 장수한다.' 고 전해지면서 너나없이 국화주를 즐겼던 것 같다.

국화주를 빚기 위해서 국화를 선택할 때는 황국(黃菊) 중에서도 향기가 좋고 맛을 보아 감미가 도는 감국(甘菊)을 선택하는 것이 좋고, 꽃 필 때 채취하여 술을 빚을 때 씻어서 넣어도 되고, 그늘에 말렸다가 술 위에 띄우거나 매달아 두어 향을 즐기기도 한다.

국화주를 빚을 때 국화를 지나치게 많이 넣으면, 그 맛이 쓰고 신맛이 강해지므로 적당량 사용해야 한다. 잘 익은 국화주는 은은한 국화향과 함께 황금빛을 자랑, 취흥을 절로 일으키므로 상비해두면 가을의 정취를 한껏 느낄 수 있다.

〈사시찬요초〉와 〈부녀필지〉의 국화주를 빚는 법은 화향입주법(花香入酒法)을 기본으로 꽃향기(화향:花香)를 술에 배게 하는 방법이다. 예를 들어, 활짝 핀 국화(감국, 들국화, 황국)를 채취하여 햇볕이나 그늘에 말려서 숙성된 술에 넣거나, 꽃을 고운 보자기에 싸서 술독에 쑤셔 박아두어 그 향기와 약효를 우려내기도 하고, 주머니에 담아 술독의 술 위에 매달아 하루나 이틀 뒤에 꽃을 들어내면 꽃향기가 술에 배어 가향(佳香)의 국화주가 되는 것이다.

조선 후기의 문헌 〈부녀필지〉에 수록된 국화주는 화향입주법의 방문으로, 전형적인 가향주 제조법을 보여주고 있다. 이 방문의 국화주는 향기가 좋은 대신 그 향기가 오랫동안 지속되지 않는다는 것이 단점이나, 베주머니에 담았던 국화를 말려서 다시 활용할 수 있다는 장점이 있어 널리 애용되어왔다.

이 방문에서 사용되는 술은 어떤 술이든지 가능하며, 맛은 그대로이나 향기만 달라지므로 우선 맛이 좋아야 한다. 소주를 이용하는 방법도 있는데, 이 경우 국화를 소주에 직접 넣어 단기간에 우려내는 요령이 필요하다. 장기간 침출하게 되면 맛이 써지고 빛깔도 탁해지는 등 아름답지 못하기 때문이다. [출처] 네이버 지식백과 국화주(부녀필지)

준비물

[이양주]
밑술:멥쌀 1kg, 찹쌀 3kg, 물 4L, 누룩 800g (고두밥)
덧술:멥쌀 3kg, 찹쌀 1kg, 물 4L, 국화 8g (고두밥)
[완성 후 술의 양] 총 16L (1000ml 16병)

01. 밑술 만들기

총 술의 양이 8L 가 되도록 설계를 하고 먼저 밑술 작업을 한다. 멥쌀 1kg과 찹쌀 3kg을 쌀 뜬 물이 안나올 때까지 깨끗하게 씻은 후 7시간 불리고 1시간 물을 뺀 후 각 각 찜기에 넣고 고두밥을 짓는다. 고두밥을 만들 때 멥쌀은 50분찌고 30분 뜸을, 찹쌀은 50분,가수 후 20분 찌기, 뜸 20분을 들인 후 고루 펼쳐서 차게 식힌다. 메밥,찰밥을 누룩과 물을 섞어 치대서 술밑을 빚는다. 3일간 발효를 시키는데 2일째부터 하루에 3회 저어준다.

02. 덧술 만들기

먼저 밑술을 걸러놓는다. 멥쌀 3kg과 찹쌀 1kg을 쌀 뜬물이 안나올 때까지 깨끗하게 씻은 후 7시간 불리고 1시간 물을 뺀 후 각 각 찜기에 넣고 고두밥을 짓는다. 고두밥을 만들 때 멥쌀은 50분찌고 30분 뜸을, 찹쌀은 50분,가수 후 20분 찌기, 뜸 20분을 들인 후 고루 펼쳐서 차게 식힌다.. 메밥과 찰밥을 누룩과 물, 국화를 섞어 고루 비벼서 술밑을 빚는다. 술밑과 밑술을 고루 섞어 발효조에 넣고 6~8시간 후부터 하루에 1~2회 저어준다.

03. 가수 후 술 거르기

덧술을 만든 후 3일 후 숙성시켜 탕수 10L를 가수한 뒤 여과한다. 국화주는 <경주지방>, <함양지방>, <산림경제>, <요록>, <동의보감> 등 의 방식이 있다. <함양지방> 방식에는 국화 외에 감국, 구기자, 생지황, 당귀 약재가 추가되고, <산림경제>,<요록>,<동의보감>에는 국화 외에 지황, 당귀, 구기잎이 들어가는데 우리가 만든 형태는 <경주지방> 방식의 국화주로 빚었다.

酒 포도와인 레시피

준비물

[포도와인]
손질시: 포도 5kg, 소금 5T, 설탕 5T
발효시: 설탕 500g (포도 무게의 10%),
와인효모 LALVIN EC-1118 1.5g
[완성 후 술의 양] 총 3L (1000ml 3병)

와인은 보통 레드, 화이트로 구분되고 여기에도 거의 필수적으로 이산화황 보존제나 벤토나이트와 같은 정화제가 사용된다. 여기서는 집에서 보통으로 만들 수 있는 하우스 와인 제조법을 공유하고자 한다.

01. 포도 손질하기

포도의 품종에 대해 전문적인 이야기들이 있지만 현실적으로 국내에서 수입품을 제외하고 외국에서 생산되는 생물 포도를 구하기가 쉽지 않기에 마트에서 판매되는 포도를 구입하도록 한다.

포도는 송이채 그대로 소금과 설탕 모두 1T(15ml)씩 넣은 찬물에 10분간 담궜다가 건져낸 후 알맹이를 하나 하나 따면서 흐르는 물에 헹군다.

이 때, 포도 겉 면의 흰가루들은 나중에 발효를 할 때 효모가 되므로 문질러 닦지 않도록 주의한다.

알알이 씻은 포도는 물이 빠질 수 있는 채반에 키친타올을 깔고 놓아 물이 충분히 빠지도록 해야 한다. 만약 물이 빠지지 않은 채로 와인 작업을 하면 당보다 수분이 많아 부패하기가 쉽다.

02. 포도 으깨기

포도를 손으로 으깬다. 대량의 포도를 손으로 으깬다는 것은 생각보다 쉽지 않다. 그래서 유럽의 그림이나 사진들에서 여인들이 발로 포도를 밟아 으깨는 것을 볼 수 있다.

20L 발효조를 준비해서 물이 빠진 포도를 넣고 최대한 으깨주고 설탕 500g과 와인효모 1.5g을 넣고 30분 정도 치대준다. 와인효모는 보통 5g 단위로 판매하는데 한 번 개봉하면 쉽게 상하기 때문에 5g을 모두 사용하는 것이 좋다. 5g을 모두 사용하려면 포도 20kg과 설탕 2kg이 들어간다. 포도주의 떫은 맛은 포도씨의 탄닌 성분 때문이다. 당도 1도를 높이는데 포도량의 10% 백설탕이 필요하다.

와인효모는 직접 투입하기 보다는 미지근한 물(30~40도) 50ml에 넣고 젓지않고 15분 정도 둬서 효모들을 활성화시킨후 활성화된 효모액을 넣어주는 것이 더 좋다.

03. 1차 발효시키기

치대기가 끝나면 20~25도 정도 되는 서늘한 곳에서 7일간 발효를 시킨다. 이 7일 동안은 하루에 1~2회씩 발효조의 포도들을 잘 저어준다.

04. 걸러주기와 2차 발효

1차 발효의 종료 시점은 끓음이 멈춘 시점이다. 에어락을 발효조에 부착해놓으면 이 시점을 정확하게 볼 수 있어서 편리하다.

거름망에 발효된 포도를 이용해서 껍질과 씨를 걸러준다. 걸러진 포도액만 다시 같은 조건에서 15일 정도 2차 발효를 시킨다.

걸러진 포도찌거기를 와인밑이라고도 하는데 여기에 식초를 부어 6개월 정도 숙성 시키면 향이 좋은 포도 식초가 된다.

걸러진 포도찌거기에 설탕을 더 해 잼을 만들어 먹기도 한다.

05. 2차 발효 후 거르기

15일전에 거르면 술이 스윗해지고 15일이 지날수록 술이 드라이해진다. 15일쯤에 거른 후 다시 침전물은 걸러내고 같은 조건에서 최소 2개월 가량 숙성시켜주면 와인이 완성된다. 와인의 적정 pH는 3~4pH 정도이다.

이산화황(무수아황산)

와인을 좋아했던 로마인들이 황(S)으로 만든 초를 와인통에서 태우고나면 식초 냄새도 나지 않고 와인이 신선하게 보존되는 것을 발견하고 사용되기 시작했다. 황을 태우게되면 공기 중의 산소와 결합하여 이산화황이 생성되는데 이 물질이 항미생물제, 항산화제(와인색변질방지), 풍미보존을 위한 보존제로 사용된다.

황은 자연 발효에서도 극소량이 생성되므로 이산화황이 전혀 없는 와인은 없다고 봐도 된다. 보존제로 사용할 경우에는 6~6000ppm까지 사용이 허용되고 있으며 10ppm 이상이면 반드시 라벨에 표기를 해야 한다.

미국의 기준은 보통 350ppm, 유기농 와인의 경우에는 100ppm, 평균 40ppm으로 첨가된다.

하지만, 황산화물에 대해 민감한 경우에는 소량을 섭취하더라도 속쓰림이나 발열감, 붓기, 경련, 안면홍조가 생기는 경우도 있다. 레드 와인에는 포도씨에 있는 탄닌 성분이 특유의 떫은 맛 성분으로 천연 보존제 역할을 해서 화이트 와인이나 스파클링 와인보다 더 적게 사용된다.

CREDIT: BRUCE YUANYUE BI / GETTY IMAGES

우리 술 만드는 법

발 행 일	1판1쇄 인쇄 2022년 4월 14일 1판1쇄 발행 2022년 4월 19일
저 자	이정욱
발 행 처	도서출판 그린
발 행 인	윤덕우
출판등록	제8-161호(1995.5.31)
주 소	경기도 파주시 가람로 116번길 107 운정한강듀클래스 411호 (우)10869
전 화	02) 333-2574, 2575
팩 스	02) 333-2561
Email	greenpress@greenpress.co.kr
Homepage	http://www.greenpress.co.kr
정 가	18,000원
ISBN	978-89-5727-338-8 (93570)